UMA
PALAVRA
NOS
BASTA

UMA PALAVRA NOS BASTA

CRESCER NA AMIZADE COM JESUS

JOSÉ LAÉRCIO DE LIMA, SJ

Edições Loyola

Dados Internacionais de Catalogação na Publicação (CIP)
(Câmara Brasileira do Livro, SP, Brasil)

Lima, José Laércio de
 Uma palavra nos basta : crescer na amizade com Jesus / José Laércio de Lima. -- São Paulo : Edições Loyola, 2024. -- (Sabedoria para o nosso tempo).

Bibliografia.
ISBN 978-65-5504-354-9

1. Bíblia - Meditações 2. Cristianismo - Evangelismo 3. Espiritualidade 4. Meditação - Cristianismo I. Título. II. Série.

24-199290   CDD-242.5

Índices para catálogo sistemático:
1. Meditações bíblicas : Cristianismo   242.5

Eliane de Freitas Leite - Bibliotecária - CRB 8/8415

Capa e diagramação: Ronaldo Hideo Inoue
Composição da capa e do miolo
a partir das ilustrações de © bernardojbp.
© Adobe Stock.

Edições Loyola Jesuítas
Rua 1822 nº 341 – Ipiranga
04216-000 São Paulo, SP
T 55 11 3385 8500/8501, 2063 4275
editorial@loyola.com.br
vendas@loyola.com.br
www.loyola.com.br

Todos os direitos reservados. Nenhuma parte desta obra pode ser reproduzida ou transmitida por qualquer forma e/ou quaisquer meios (eletrônico ou mecânico, incluindo fotocópia e gravação) ou arquivada em qualquer sistema ou banco de dados sem permissão escrita da Editora.

ISBN 978-65-5504-354-9

© EDIÇÕES LOYOLA, São Paulo, Brasil, 2024

Sumário

Apresentação | 9

Método de oração e leitura espiritual | 13

I
REZANDO OS ENCONTROS DE JESUS

1   **Jesus** e João Batista | 21
    Mt 3,1-17

2   **Jesus** e a Samaritana | 25
    Jo 4,1-45

3   **Jesus** e Nicodemos | 29
    Jo 3,1-14

4   **Jesus** na casa de Zaqueu | 33
    Lc 19,1-9

5 **Jesus** com Marta e Maria | 37
   Lc 10,38-42

6 **Jesus** com o centurião | 41
   Mt 8,5-13

7 **Jesus** com a mulher que o tocou | 45
   Mt 9,20-22

8 **Jesus** com os discípulos na Galileia | 49
   Mt 4,12-23

9 **Jesus** com o homem da mão paralítica | 53
   Lc 6,6-11

10 **Jesus** com o paralítico na piscina | 57
    Jo 5,1-18

11 **Jesus** com os leprosos | 61
    Mt 8,1-4

12 **Jesus** cura um cego | 65
    Jo 9,1-41

13 **Jesus** e a mulher cananeia | 69
    Mc 7,24-30

14 **Jesus** e o surdo-mudo | 73
    Mc 7,31-37

15 **Jesus** com Lázaro | 77
    Jo 11,1-57

16 **Jesus** com Pilatos | 81
    Lc 23,1-7

17 **Jesus** com Herodes | 85
    Lc 23,8-12

18 **Jesus** e o cego de Jericó | 89
    Lc 18,35-43

19 **Jesus** com o paralítico em Cafarnaum | 93
    Mc 2,1-12

20 **Jesus** encontra Mateus | 97
    Mt 9,9-13

21 **Jesus** com a pecadora pública | 101
    Jo 8,1-11

22 **Jesus** expulsa o demônio | 105
    Mc 5,1-20

23 **Jesus** aparece a Tomé | 109
    Jo 20,24-31

24 **Jesus** e a mulher encurvada | 113
    Lc 13,10-17

25 **Jesus** e Maria,
    encontro entre a mãe e o ressuscitado | 117
    Jo 19,27

II
REZANDO AS MANIFESTAÇÕES DE JESUS

1 **Jesus** nas Bodas de Caná | 123
   Jo 2,1-11

2 **Jesus** no Templo | 127
   Jo 2,13-22

3 **Jesus** sendo tentado | 131
   Mt 4,1-11

4 **Jesus** profetizando as Bem-aventuranças | 135
   Mt 5,1-13

5 **Jesus** ensina a humildade | 139
   Mt 18,1-10

6 **Jesus** com as crianças | 143
   Mc 10,13-16

7 **Jesus** e a morte de João Batista | 147
   Mc 6,14-29

8 **Jesus** envia os setenta e dois | 151
   Lc 10,1-12

9 **Jesus** acalma a tempestade | 155
   Mt 8,23-27

10   **Jesus** caminha sobre as águas | 159
     Mt 14,22-36

11   **Jesus** e o funcionário do rei | 163
     Jo 4,46-54

12   **Jesus** entrando em Jerusalém | 167
     Mc 11,1-11

13   **Jesus** e a multiplicação dos pães e dos peixes | 171
     Mt 14,13-21

14   **Jesus** e os estrangeiros | 175
     Lc 4,23-30

15   **Jesus** no Monte da Transfiguração | 179
     Mt 17,1-9

16   **Jesus** traído | 183
     Mt 26,14-16

17   **Jesus** na ceia | 187
     Jo 13,1-20

18   **Jesus** sendo crucificado | 191
     Lc 23,33-45

19   **Jesus** sendo sepultado | 197
     Lc 23,50-56

20   **Jesus** ressuscitado | 201
     Lc 24,1-12

21   **Jesus**, aparição no cotidiano | 205
     Jo 21,1-14

22   **Jesus** aparece à comunidade | 209
     Lc 24,36-48

23   **Jesus** com os discípulos de Emaús | 213
     Lc 24,28-35

24   **Jesus** vai à Galileia | 217
     Mt 28,8-15

25   **Jesus** volta para o Pai | 221
     Lc 24,50-53

Conclusão | 225

Bibliografia | 229

Apresentação

Crescemos na consciência de que nascemos para a comunicação com Jesus e com o seu Pai. Deus se comunica: sua presença e suas palavras nos apontam para a oração como encontro com Jesus. Temos sede desse encontro com Deus, mas nem sempre sabemos falar sobre isso e por isso sofremos.

Naturalmente somos capazes da oração, somos seres orantes, somos capazes de sentir essa presença de Deus em nossa vida. Vamos perceber que é Deus que ora em nós: assim, cresceremos na unidade com ele. Basta que nos abramos a esta comunicação "como um amigo, fala a outro amigo", com poucas palavras.

A oração simples, cotidiana, pede de nós apenas **uma palavra**, talvez uma frase: "Eu te amo, meu bem-amado"[1].

Este livro quer ser um instrumento para a sua oração e para que você possa aprofundar sua vida espiritual. Será uma forma de dizer o nosso amor a Jesus.

---

1   Frase do Pe. Alfredinho (1920-2000), missionário da irmandade do Servo Sofredor, que viveu em Crateús no Ceará e em São Paulo. Trabalhou com os pobres, com as mulheres em situação de prostituição, morou na rua com os moradores de rua, e viveu santamente até partir para Deus.

Ao se utilizar este livro, se perceberá que ele foi pensado para a oração pessoal, entretanto, será sempre possível sentir a presença da Comunidade Trina, pois estará sempre presente: Jesus, com a sua Palavra e vida, o Espírito Santo, nos iluminando e o Pai, nos sustentando. Além das três Pessoas divinas, se observarmos com atenção, veremos que estarão sempre com eles alguns personagens bíblicos já bastante conhecidos como, por exemplo, Lázaro, Marta e Maria, em muitos momentos os fariseus, os discípulos de Emaús, assim como várias pessoas presentes nos momentos de oração, formação de Jesus com seus amigos e amigas. Por isso, mesmo hoje, esses encontros e essas manifestações de Jesus entre o seu povo, ainda reverberam em nós, porque eram ação da Trindade Santa. Jesus não viveu em um isolamento e solidão, mas ele sempre foi e é relação, encontro e comunidade de amor.

Estou ciente da dificuldade em, por exemplo, parar, silenciar, meditar, contemplar. A todo instante vêm até nós muitas perturbações e preocupações do dia a dia, e parece que temos que lutar muito para que isso tudo não nos atrapalhe na oração. Mas, a proposta deste livro é olhar para a vida de Jesus e ver como ele agia. A sua atuação é amorosa e salvífica. Por isso, vamos acompanhar Jesus e vamos nos envolver nessas cenas, participando, escutando a voz de Jesus e de quem estará com ele, deixando que esses encontros afetem a nossa vida, a nossa história e assim, poderemos juntos dizer: "Eu vi Jesus e senti a sua presença!".

A espiritualidade, a mística, crescem cada vez mais. Há muitas pessoas que foram formadas já neste tempo de "misturas" e de multiculturalismo, sendo assim, já não trazem uma identidade religiosa espiritual clara e que se identifica apenas com uma religião. Com o advento da internet, há vários elementos de muitas religiões que perpassam, afetam e influenciam a oração e a espiritualidade de muitas pessoas. Há muitos que não participam de nenhum grupo, ou igreja, mas oram.

Poderemos crescer no caminho da intimidade com Jesus ao acompanhá-lo em vários momentos da sua vida.

Este material em suas mãos é uma grande oportunidade para aprender a rezar com o mestre da nossa fé, o próprio Cristo. Os 50 textos aqui oferecidos são meditações sobre a vida e o cotidiano, a partir do texto bíblico. Por isso, a importância de ler e rezar o texto bíblico, pois ele é **palavra da salvação**.

Sabemos que Jesus vive no meio de nós, ele age pertinho de nós, mas nem sempre estamos preparados para compreendê-lo e para termos uma relação com ele.

É verdade sim, a oração continua sendo um desafio, especialmente para nós pois a oração é encontro com uma pessoa que tem uma história, um drama, um caminho e uma proposta de vida. Não estaremos nos relacionando conosco mesmos apenas, mas com ele, Jesus de Nazaré.

Tantas e muitas vezes pedimos a Jesus para encontrá-lo. Está aqui um pedido perigoso, há muitas pessoas que não sabem o que estão pedindo. Estamos de fato dispostos a ter um encontro com Jesus? Não sei. Tanto é assim, que ele está muito mais perto do que imaginamos! Mas ainda carregamos o entendimento de que a presença de Jesus é barulhenta e cheia de estardalhaço... Não! A presença de Jesus é delicada, ao mesmo tempo profunda, como um toque do beija-flor. Mas a pergunta que devemos nos fazer é: estou de verdade querendo um encontro com uma pessoa que poderá mudar a minha vida? Quero este encontro? Tenho condições de dar conta das demandas e exigências que o contemplar a vida de Jesus poderá me trazer?

Às vezes rezamos, pedimos, mas não temos lucidez sobre o que pedimos, orar é perigoso; contemplar Jesus é arriscado demais: podemos ser confundidos, perseguidos e até julgados pelo tribunal virtual que hoje condena a todos que entram de fato no caminho de Jesus. Parecer-se com Jesus continua sendo um perigo, comungar da sua vida é enxergar o mundo a partir dele, pois nos transformamos nele, no Corpo de Cristo no mundo, naturalmente para sofrer a sua sorte. Mais ainda, para revelar ao mundo o quanto o Pai é bom e nos ama.

Método de oração e leitura espiritual

Como rezar este material...

Para aproveitar bem este material, precisamos ter a Bíblia em mãos. Logo em seguida, é preciso encontrar o texto que eu irei rezar. Leio então o texto bíblico e me demoro nele. *Será fundamental ler o texto bíblico indicado* antes da leitura da respectiva página deste livro.

A experiência do silêncio será muito importante para aquelas pessoas que tiverem o desejo e as condições de criar um ambiente, entrar no clima de encontro, e assim, ficar com Jesus para falar a ele e escutá-lo.

Não podemos esquecer que a oração é um hábito, um bom costume, assim, vou descobrindo e criando condições para que sempre e cada vez mais eu aumente a relação com Cristo.

Sem pressa, vou dando espaço, vou me colocando

no tempo de Deus, deixando a sua palavra ser revelação, encontro, amizade e consolação.

Levar em consideração o que a estrutura do livro nos oferece, por exemplo:

1. **O primeiro quadro** oferecerá indicações para uma oração contemplativa. Com os elementos lá apresentados, poderei entrar na cena, recriá-la e fazer parte dela, ou mesmo, imaginá-la, senti-la. Entro na cena, imagino, sinto, silenciosamente, cada palavra e gesto de Jesus e de seus amigos e amigas.

2. **Para interiorizar** são perguntas que nos ajudarão a trazer para a minha vida pessoal o tema principal de cada passagem bíblica

3. **Para meditar** são afirmações que nos ajudarão a carregar no coração e na memória os frutos da oração daquele texto citado. São conclusões positivas para a vida.

4. **O segundo quadro** oferecerá sempre uma leitura diferente, um autor diferente para que o tema do dia, seja aprofundado por outro olhar.

5. **O espaço para anotações.** Pensando em ajudar especialmente na oração e como aplicar em nossa vida, este espaço servirá como diário espiritual, lugar de partilha e de anotar as suas inspirações, movimentos interiores, a voz de Deus em você.

6. **Por fim,** haverá um espaço para você anotar a palavra principal da sua oração. Que palavra levo para o meu dia, para a minha vida?

Para aproveitar ainda mais o material...

1. Pedir o Espírito Santo de Deus sobre este caminho/retiro espiritual

2. Fazer uma leitura orante, pausada, dos textos indicados, o bíblico e o do livro.

3 Colocar a atenção nos sentidos: como o texto bíblico e o texto do livro correspondente, me afetaram ou me tocaram?

4 Logo, tendo terminado de ler os textos bíblicos e do livro, silenciar e deixar reverberar aquela palavra principal ou aqueles sentimentos que se apresentaram aos meus sentidos.

5 Repetir sempre que for possível a leitura da parte mais interessante, marcar, seja na bíblia ou no livro, as palavras mais fortes.

Para encerrar a oração...

Sempre devemos terminar a oração, com um forte agradecimento a Deus por ele ter estado conosco nesse momento especial, assim como por ele ter se comunicado conosco através dos textos. Agradeço a sua delicadeza, as suas palavras, ou mesmo o seu silêncio, às vezes na oração não sentimos nada. Mas observe, que este "nada", já é uma oração. Então eu agradeço e anoto: hoje na minha oração, tudo foi um silêncio.

Termino com uma oração do Pai-nosso, assim como à Mãe de Jesus e nossa, agradeço a presença do Espírito Santo e faço as devidas anotações (**Revisão da oração**).

Revisão da oração...

Terminado o seu tempo de leitura, assim como o tempo de meditação, você segue para a parte de anotar o que você experimentou na sua oração e leitura.

Para cada capítulo, teremos espaço para as anotações. É importante sabermos esperar o término da leitura e da oração para fazer a revisão.

Como diz a palavra, é "revisão". Eu preciso meditar, ler, rezar, e depois revisar/revisitar o caminho que eu fiz e o que Deus fez em mim.

Anoto tranquilamente tudo o que experimentei a partir dos três seguintes pontos:

1. O que eu rezei? Aqui eu vou anotar a palavra/frase mais forte, ou mesmo uma cena bíblica, uma imagem bíblica, algum gesto de algum personagem bíblico.

2. O que eu senti? Aqui eu anoto o que eu senti a partir do que eu rezei: há quem se engane e pense que só sentimos alegria e emoção na oração. Não! Na oração que é comunicação, posso sentir uma alegria profunda, assim como, uma tristeza profunda. Um grande silêncio, ou escuto a voz de Jesus no coração. Posso também sentir dor, vergonha, confusão interior, dúvidas, tudo vai depender do que eu estou rezando. "A vida quer ser rezada" (Cardeal Tolentino)[1], por isso, muitas vezes alguns elementos da vida virão na oração, para participar deste encontro. Daí eu anoto as principais informações.

3. O que Deus me mostrou? Quais os apelos de Deus para mim? Anoto aqui aquilo que Deus apontou para mim, aquilo que ele me fez ver, pois a iluminação que me veio, pode ser um apelo de Deus; pode ser ele me falando, revelando e mostrando a sua vontade. Observação: nem sempre este apelo virá acompanhado de confirmação e paz interior, pelo contrário, poderá vir com inquietação, o que nos levará a retomar tudo em oração e acompanhamento espiritual.

Graça a pedir lendo este livro...

1. Que conheçamos intimamente a Jesus, os seus sentimentos e os seus gestos.

2. Que possamos seguir Jesus no cotidiano, na paixão e na alegria para sermos mais como ele.

---

[1] Ver: <www.youtube.com/watch?v=rBdw7t9hHJ4>. Acesso em: 27 jul. 2023.

Este livro serve para quem?

Vivemos tempos fortes de muitas emoções, porém passageiras, poucas experiências permanecem. A oração é mesmo lugar para uma experiência que permanece em nós, afinal, "Ele está no meio de nós!". Tudo é muito veloz, rápido e frágil.

A religião nos dias atuais também passa por uma reconfiguração no imaginário e na experiência de Deus, do sagrado e da espiritualidade. Este material é para a oração, para qualquer pessoa, de qualquer religião ou espiritualidade. Todos poderão se aproximar dele e aproveitar. Obviamente, falo a partir das categorias cristãs/católicas, mas os textos não são exclu-

dentes, pelo contrário, servirão a qualquer pessoa que queira colocar a atenção em Jesus e em seu legado. Estou seguro que este texto poderá nos ajudar a ordenar a vida, retomar o caminho da espiritualidade e mística.

Poderão ler e rezar este livro pequenos grupos de partilhas, catequistas, jovens, ministros no apostolado paroquial, pessoas que não se identificam com alguma religião, ou que não possuem relação com alguma paróquia. A abordagem é inaciana, pois como Jesuíta é o que sei fazer, mas evitei utilizar muitos termos inacianos propriamente para que o livro ficasse com uma linguagem acessível a todas as pessoas.

Pode ser um texto também para a vida religiosa, padres, seminaristas, diáconos permanentes e suas famílias, aqui encontrarão lugar para ficar com o Senhor e descansar nele.

I
REZANDO OS ENCONTROS DE JESUS

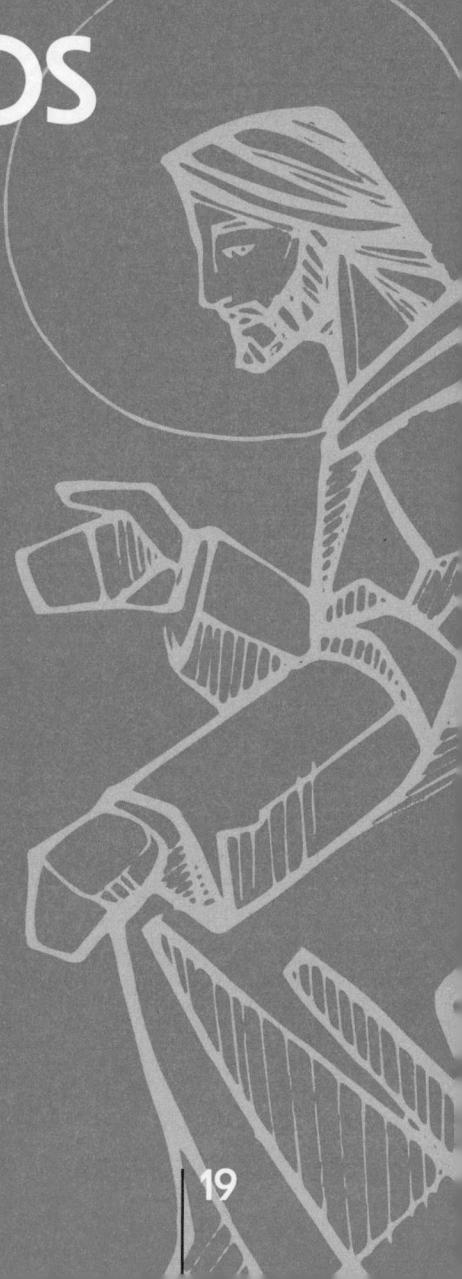

Jesus
e João Batista

1

Mt 3,1-17

> *Logo que foi batizado, Jesus saiu da água. Eis que os céus se abriram para ele. Viu o Espírito de Deus descer como uma pomba e vir sobre ele. E eis que uma voz, vinda do céu, dizia: 'Este é o meu filho predileto, no qual encontro toda a minha satisfação'.*

Jesus e sua vida, nos impactam, afetam e desde o nosso coração, vão se fazendo uma meta a ser alcançada. A amizade com Jesus é segurança para a vida. O desafio é conhecer Jesus, ser íntimo dele.

Porém, Jesus é modelo para a nossa vida e para a forma como tomamos as nossas atitudes? Para isto, será preciso olhar para Jesus e compreender o caminho que ele tomou, como ele compartilhava a esperança e a novidade que João Batista anunciava ao batizar as pessoas longe do templo de Jerusalém, lugar da presença de Deus por excelência.

João via um modo novo de viver a fé e a esperança no Salvador.

João foi ousado, ele criou um caminho novo, um atalho para chegar a Deus, afinal, todos iam ao Templo de Jerusalém. João faz o contrário, ele se distancia do Templo.

O caminho de João Batista aponta para o "Cordeiro de Deus que tira o pecado do mundo".

Recriando a cena...

*Olhemos para Jesus naquela fila
com o povo e com os pecadores.
Entremos nesta fila,
coloquemo-nos bem perto deles.
Escutemos o que eles dizem.
Ele entrou na água.
O novo se revelou totalmente quando
Jesus sai da água após seu batismo.
Escutemos a voz do céu dizendo:
"Este é meu Filho amado..."
A voz do céu aponta um caminho,
uma missão que Jesus aceita.*

Consideremos também nós o modo de viver de João Batista: é para nós um convite ao novo que aparece diante de nós, mas muitas vezes escolhemos "o de sempre", temos medo de propor caminhos novos, de ir contra a força do "sempre foi assim".

Jesus, o Filho querido, percebe mais que nunca o quanto é amado pelo Pai, e assim, segue seu caminho em fidelidade. Jesus é o querido de Deus, o Pai confirma a sua missão, fortalece a sua interioridade e assim, mais do que nunca, Jesus se sustenta pela Palavra do Pai.

Assim devemos ser também nós. A nossa missão é lá onde estivermos, abrindo caminhos novos e perspectivas novas. Esta atitude nos levará, de certa forma, a uma ousadia e criatividade que nos colocarão sempre em estado de busca.

A coragem e decisão de Jesus ser batizado, aponta para o processo que vivemos diariamente de nos deixarmos conduzir pelo que trazemos dentro de nós, no mais secreto e profundo: o amor de Deus se revela sempre como salvação.

Olhando para a vida pessoal de cada um de nós, ajudaria muito perceber com coragem os caminhos que a minha vida tomou, ver como entrei neles? O que eu buscava? É possível refazer percursos?

Precisamos, livres dos nossos projetos pessoais, pedir a graça da liberdade interior e assim, abraçarmos o projeto de Deus para nós, como João Batista e como Jesus.

Para interiorizar...

- Há algo que me impede de seguir o caminho que Deus colocou para mim?
- Tenho consciência da minha vida e missão?
- Sinto-me uma pessoa amada por Deus? Escuto sua voz me dizendo isso?

Para meditar...

- Não podemos nos limitar aos caminhos já construídos
- Deus nos ajuda e orienta quando temos um coração puro e quando queremos ser fiéis ao seu amor.

> Porque cada um deve persuadir-se que na vida espiritual tanto mais aproveitará quanto mais sair de seu próprio amor, querer e interesse" (EE 189).
>
> **Santo Inácio de Loyola**
> *Exercícios Espirituais*
> São Paulo: Loyola, 2015.

Revisão da oração

1 O que eu **rezei** nestes textos?
_____
_____
_____
_____
_____
_____

2 O que eu **senti** na minha oração?
_____
_____
_____
_____
_____
_____

3 O que **Deus me mostra** hoje para a minha vida?
_____
_____
_____
_____
_____
_____

QUAL A **PALAVRA** PARA O SEU DIA **HOJE?**

Jesus
e a Samaritana

2
Jo 4,1-45

> *Jesus respondeu: 'Se conhecesses o dom de Deus e quem é aquele que te diz: 'Dá-me de beber!' tu é que lhe pedirias e ele te daria água da vida'. A mulher observou: 'Senhor, nem tens um balde e o poço é fundo; de onde vais apanhar a água da vida?' [...] Jesus respondeu: 'Quem bebe desta água terá sede novamente; mas quem beber da água que eu lhe der nunca mais terá sede: porque a água que eu lhe der, nele se tornará em fonte de água corrente, para a vida eterna'. A mulher lhe suplicou: 'Senhor, dá-me dessa água, para que eu não tenha mais sede e não tenha mais de vir aqui buscá-la'.*

Quais sedes e fomes que trazemos dentro de nós?

A fome e a sede trazem a fraqueza, desânimo e dor, consequentemente a morte.

Em tempos tão difíceis, andamos também nós com o nosso balde buscando água por tantas fontes poluídas? Frequentemente comemos do que nos oferecem, sequer criticamos, simplesmente nos lançamos. Depois colhemos as consequências. No âmbito espiritual não é diferente.

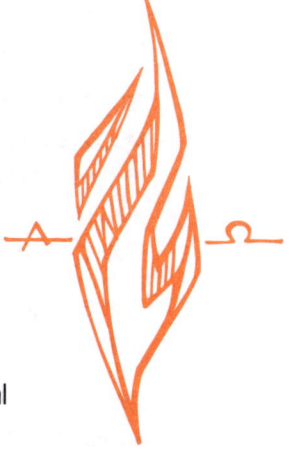

Buscamos matar a nossa sede, a nossa fome.

Sabemos que há uma grande utilização do nome de Deus, infelizmente até demais.

Recriando a cena...

*À beira da fonte chega Jesus,
cansado e com sede.
Está também a samaritana com sua vasilha,
meio assustada.
Sintamos os silêncios e olhares, a respiração, os receios.
Conversam sobre água e sedes, sobre matar a sede.
"Dá-me desta água."
Conversam sobre a vida e os mistérios
que geram mais sede.
Aproximemo-nos, tragamos as fomes e sedes.
Ele é a água viva e o pão do céu.*

Jesus conhece as nossas verdades e tudo o que nos fragiliza e o que nos falta.

Por vezes, andamos desanimados pelo fato de até estarmos cansados de tanto caminhar em busca da felicidade, confundida com o prazer a qualquer preço.

Jesus não se contenta com isso, ele nos oferece a água da vida, "nunca mais tereis sede" disse ele, se bebermos da sua água.

Enquanto isso, resistimos, achando que a água suja que bebemos, será suficiente para nos ajudar a seguir adiante.

Jesus sabendo do nosso fracasso, de nossos enganos e equívocos afirma "se conhecesses o dom de Deus e quem é aquele que te diz dá-me de beber. Tu lhe pedirias e ele te daria água viva". Como pedir água viva, se não conhecemos aquele que pode nos dar?

Aquele que é a fonte de todas as águas, que lava, batiza, cura, abençoa, purifica e mata a sede.

Jesus hoje chega até nós, se aproxima da nossa vida e se apresenta como aquele que conhece o nosso coração, as nossas fraquezas, mas que não abre mão de matar as nossas sedes com a sua presença e bondade. Ficar com ele, estar com ele, escutá-lo, acolhê-lo. Tragamos a nossa família, casamento, vocação, até o poço.

Jesus encontrou-se com a Samaritana, "era preciso"! Do mesmo modo ele quer hoje passar pela nossa vida. Ele nos conhece pelo nome, vem até nós cheio de bondade. O que seria da nossa vida sem ele?

A pressa, a correria, talvez queiram nos fazer melhores profissionais, atletas, mulheres e homens de negócio, mas muitas vezes, nos impedem de captar a presença de Deus em nossa vida, no poço da nossa história: "Quanto mais eu entrar nesse poço, mais vida eu terei, mais conhecimento encontrarei...". A minha verdade não pode me destruir, pelo contrário, deverá ser lugar de trabalho, conversão e mudança de vida. Jesus vem até cada um de nós, com a sua vida feita água da vida, nos dá a vida eterna, e revela que nada e ninguém poderá substituí-lo em nossa vida.

Para interiorizar...

* De onde vem a água que estou tomando? Mata a minha sede ou me deixa ainda mais sedento?

* Tenho tido humildade em reconhecer que a minha felicidade está na fonte da água viva e não em mim?

Para meditar...

* Independente do meu pecado terei acesso à fonte da água viva

* Não devo me permitir a não vivenciar o encontro com a fonte que é Cristo, ele que me habita.

> Uma vez que Deus criou a liberdade humana, não a entregou às feras para que se perdesse nos caminhos e descaminhos da vida. Como Deus que é só amor oferecerá esse amor até o extremo..."
>
> **João Batista Libânio, SJ**
> *A escola da liberdade*
> São Paulo, Loyola, 2011, 156.

Revisão da oração

1 O que eu **rezei** nestes textos?

2 O que eu **senti** na minha oração?

3 O que **Deus me mostra** hoje para a minha vida?

QUAL A **PALAVRA** PARA O SEU DIA **HOJE?**

Jesus
e Nicodemos

3

Jo 3,1-14

> Ele foi encontrar-se com Jesus à noite e lhe disse:
> 'Rabi, bem sabemos que és um Mestre enviado por Deus,
> pois ninguém seria capaz de fazer os sinais que tu fazes,
> se Deus não estivesse com ele'. Jesus respondeu:
> 'Eu te afirmo e esta é a verdade: se alguém não nascer
> do alto, não poderá ver o Reino de Deus'.

Quanto mais caminhamos, mais aprendemos o caminho. Pouco a pouco a vida vai se formando, entre acertos e erros, faz parte da situação humana.

Neste encontro com Nicodemos, Jesus encontra um líder, um mestre de Israel, que reconheceu que Jesus veio da parte de Deus.

Recriando a cena...

Jesus encontra-se com Nicodemos.
Nicodemos olha para Jesus
como quem veio da parte de Deus.
Há olhares e curiosidades.
Silêncios, até que se
aproximam e conversam.
Vejamos o ambiente.
Contemplemos Jesus, que fala:
"Em verdade, em verdade,
te digo: se alguém não nascer
da água e do Espírito,
não poderá entrar no Reino de Deus".

O Espírito é aquele que faz renascer, dá nova dinâmica, rejuvenesce e da vida nova.

Ele dá a possibilidade de que entremos na dinâmica do Reino de Deus.

Não será preciso voltar ao ventre da mãe para receber esta vida nova, mas basta abrir-se ao Espírito. Este encontro com Jesus gera esta possibilidade também para nós. Será necessário reconhecer como o encontro com Jesus nos abre a uma possibilidade nova. É preciso que saiamos urgentemente do esquema que nos prende ao passado, à malícia do pecado, de certos sofrimentos, e reconheçamos desde dentro, da intimidade, de onde brota a luz nova, a vida nova, morada e templo do Espírito – ele nos renova e nos liberta para uma vida renovada, desde dentro e desde o alto. Essa dinâmica "de cima" e "de dentro", nos leva a perceber como o conhecimento de Jesus, nos impulsiona a um caminho de aprendizagem: nunca saberemos tudo, mas devemos experimentar trilhar sempre esse caminho.

A vida nova que está guardada para cada um de nós, nos pede esta atenção que precisamos ter para com a pessoa de Jesus e do Espírito.

Há muito em nós que necessita ser renovado, mudado. Há muito em nós que resiste às mudanças e à conversão. Muitas vezes é mais confortável não fazer o caminho, permanecer no mesmo e no de sempre. Vamos perdendo tempo, vida, e deixamos de ampliar a nossa existência em direção de tudo o que o Reino de Deus nos oferece.

A experiência de Jesus, o encontro com ele, nos proporciona vida e nunca a morte.

Embora, experimentemos em nós mesmos algo que nos segura ou impulsiona para baixo, quando tudo parece não funcionar, não renovar, a falta de ânimo, a coragem e a ousadia, muitas vezes tomam espaço, e tudo fica escuro. É hora então de deixar a luz do Espírito brilhar, ele fará a sua parte nos proporcionando a vida nova; tudo ficará novo, renovado desde o alto, em direção ao mais profundo de nós mesmos.

Em um momento de silêncio, experimente sentir a presença do Mestre oferecendo esta nova oportunidade de um renascimento desde o alto, voltemos o nosso coração para a luz do Senhor.

Para interiorizar...

- Tenho feito o caminho de ir em direção às coisas do alto, ao meu eu mais profundo?
- Abro a minha vida à ação do Espírito Santo?

Para meditar...

- Nenhum processo em nossa vida está terminado e condenado a determinado fim
- O Espírito age trazendo uma vida que o mundo não pode dar.

> "O homem nascido de Deus manifesta os efeitos misteriosos deste nascimento, como a alegria, a paz, o equilíbrio, a doação, o serviço amoroso... enquanto o homem da carne age só sobre o plano terrestre e não pode perceber a realidade do Espírito e a mesma origem do mistério da pessoa de Jesus."
>
> **Giogio Zevini**
> *Vangelo secondo Giovanni*
> Roma, Città Nuova, 2009, 136 (tradução nossa).

Revisão da oração

1 O que eu **rezei** nestes textos?

....
....
....
....
....
....

2 O que eu **senti** na minha oração?

....
....
....
....
....
....

3 O que **Deus me mostra** hoje para a minha vida?

....
....
....
....
....
....

QUAL A PALAVRA PARA O SEU DIA HOJE?

Jesus
na casa de Zaqueu

4
Lc 19,1-9

> *Quando chegou àquele lugar, Jesus olhou para cima e lhe disse: 'Zaqueu, desce depressa, porque hoje devo ficar na tua casa'. Ele desceu depressa e o recebeu com alegria.*

Jesus hoje é espelho para um homem que estava em busca de si mesmo. Zaqueu buscava ver Jesus, mas encontrou a si mesmo em Cristo. Já não precisaria seguir uma vida desnorteada e sofrida, angustiante. Assim como aconteceu com Zaqueu, acontece também conosco: temos a curiosidade, mas nem sempre dispomos adequadamente os meios para obter o fim.

Quantas vezes o nosso olhar esteve disperso, perdido?

Quantas vezes o nosso olhar esteve à procura de Jesus, mas sempre alguma coisa nos impedia: a multidão, o egoísmo, a preguiça, o comodismo?

Recriando a cena...

Contemplemos Jesus
caminhando com os seus amigos.
Zaqueu subiu na figueira,
e esperou Jesus, com o olhar atento.
Observemos como Jesus
olha para Zaqueu,
um olhar de intimidade.
O olhar de Jesus traspassa Zaqueu.

Escutemos o que Jesus diz:
"Vou jantar na tua casa".
Como se sentiu Zaqueu?
O que de verdade ele queria?
Observemos a surpresa de Zaqueu,
Jesus está em sua casa.
Eis a promessa de Zaqueu:
"Se eu roubei, vou restituir..."

Jesus, com sua bondade, olha a todos nós, independente dos nossos pecados, dos nossos limites. Independente do nosso passado, Jesus nos olha. Zaqueu, olhado e acolhido, se transforma em lugar de acolhida. Jesus entra na casa.

Jesus participa da vida. Jesus se faz próximo de Zaqueu e Zaqueu abriu a sua história e a sua vida para o novo, que é Jesus, com alegria. Ele desce depressa e recebe Jesus com alegria. E Jesus entra em sua casa. E esse homem faz uma experiência de conversão. E o fruto concreto é o devolver quatro vezes mais, aos pobres, daquilo que ele havia roubado. Liberdade. O desejo de corrigir a falta.

Queridos irmãos e irmãs, o que em nós ainda precisa ser evangelizado?

O que em mim ainda precisa ser convertido?

O que em mim ainda precisa ser partilhado?

Jesus aproveita uma situação de pecado para fazer a experiência da graça, da presença, da conversão.

Jesus está sempre passando diante dos nossos sentidos, ele se faz perceber, mas nem sempre somos capazes de acolhê-lo.

A nossa morada, ou melhor, a nossa casa é lugar de intimidade e também de festa. Jesus, conhecendo o ser humano profundamente, para a surpresa e escândalo de muitos, pede para ir até a casa de Zaqueu. Assim como ele entrou na casa de Zaqueu para curar a sua vida, seu passado, Jesus cuida de gestar identidade em Zaqueu e agora ele quer fazer o mesmo processo em cada um de nós. Ele está hoje passando diante da nossa casa.

Não basta ver Jesus, é preciso um envolvimento desde dentro, desde a nossa própria casa. Sem intimidade não há conversão e frutos concretos de amor.

É verdade que em nossa casa, há quartos escuros, lugares misteriosos que evitamos visitar. As vezes até sentimos medo. Mas é preciso sim, entrar, abrir as portas, levar luz a tudo aquilo que em nossa casa está escondido, ignorado e desprezado.

Não podemos fechar os olhos para a nossa realidade pessoal, Cristo Jesus é ele mesmo quem vem nos visitar, entra em nossa casa e ceia conosco. Apresentemos a nossa casa a Jesus, vamos trazê-lo à nossa mesa, deixemos que ele participe da nossa intimidade.

Para interiorizar...

- Quando senti que Jesus entrou em minha casa?
- O que em mim precisa ser convertido? Disponho os meios para a conversão? Coloco-me à disposição?

Para meditar...

- Jesus está sempre a caminho em nossa vida.
- O nosso passado não pode definir quem somos.

> *"A ausência total de fardo leva o ser humano a se tornar mais leve do que o ar, leva-o a voar, a se distanciar da terra, do ser terrestre, a se tornar semirreal, leva seus movimentos a ser tão livres como insignificantes."*
>
> **Milan Kundera**
> *A insustentável leveza do ser*
> São Paulo, Companhia das Letras, 2020, 11.

Revisão da oração

1 O que eu **rezei** nestes textos?

2 O que eu **senti** na minha oração?

3 O que **Deus me mostra** hoje para a minha vida?

QUAL A PALAVRA PARA O SEU DIA HOJE? ❓

Jesus
com Marta e Maria

5
Lc 10,38-42

> Marta, Marta, tu te afliges e te preocupas com muitas coisas; mas só uma coisa é necessária. Maria escolheu a melhor parte, que não lhe será tirada.

Estamos diante de um encontro cheio de amor, Jesus visita as suas amigas Marta e Maria. Jesus em seu cotidiano gasta tempo com suas duas amigas, certamente era um lugar de parada, descanso, conversa e comida.

Essa casa é lugar de amizade e amor. Nessa relação a atitude de escuta e de amizade está marcada pela Palavra.

Recriando a cena...

*Imaginando Jesus,
como ele está sentado,
que roupas veste?
Como olha e o que fala a Maria?
Pensemos em Marta, o que faz?
Como se veste?
Escute o que conversam.*

Jesus revela o quanto é importante saber "escolher a melhor parte" – é Jesus mesmo quem fala e alerta. Não nos deixemos enganar pela correria e pelo fazer. Em uma sociedade cansada e exaurida, em busca de produção e resultados, cada vez mais barulhenta e desfocada, vamos percebendo o quanto nos custa o silêncio e o "permanecer" diante do Senhor.

A centralidade da Palavra, da escuta e da presença de Jesus, diante de uma sociedade cansada, exaurida, desfocada. As coisas criadas enganam, ocupam o nosso coração e nos tiram o foco de Cristo. Olhar a vida e atividade de Jesus que entre silêncio, oração e vida pública, acolhe com sabedoria e fidelidade a Palavra do Senhor. É preciso que saibamos desacelerar para poder sentir e saborear esta doce presença de Jesus. Que nunca nos falte afeto, docilidade e amizade para o Senhor. O nosso lugar é aos pés de Jesus deixando que a sua voz nos afete e nos converta, nos levando a crescer na amizade e assim aconteça a "cristificação" da nossa vida e dos nossos afetos.

Quando estamos com ele, descansamos nele, repousamos nele e em seu coração. Apenas descobrindo esta nossa atitude terna e cheia de salvação, poderemos fugir de uma atitude "útil", isto é, quando olhamos as pessoas através da lente e ótica da utilidade. Quando as pessoas deixam e ser pessoas e passam a ser coisas. Pessoas não são coisas, todas elas são criaturas, amadas por Deus. Logo, elas não são o Criador, não podemos nos deixar enganar e trocar o Criador, pelas criaturas.

Quando gastamos tempo fugindo deste encontro com Jesus para escutar a sua Palavra, podemos correr o risco de nos encontrarmos com a tendência a transformar tudo em dinheiro, produção e resultado.

No caminho da vida, precisaremos nos colocar diante do Cristo mesmo, é aí que devemos nos situar, ficar com ele, escutar o que ele nos diz, saboreá-lo. Gastar tempo com ele. Optar por ficar e demorar nele. Porém, nunca esqueçamos que os frutos desta contemplação do Senhor produzirão em nós um resultado. Entretanto, nunca esperemos esses frutos com a ansiedade da velocidade do mundo: enquanto nós o buscamos, desde muito tempo, ele já nos olha. Por isso, esperar também faz parte. Confiar, se lançar, contemplar.

Para interiorizar...

- Quanto tempo gasto para o meu encontro diário com o Senhor?
- Sinto prazer em estar com Jesus em alguns minutos de silêncio?

Para meditar...

- Jesus deve ser o centro do meu dia.
- Devo ter claro aquilo que em meu dia pode ser a minha dispersão.

> A palavra de Cristo é claríssima:
> nenhum desprezo pela vida ativa, nem muito menos pela generosa hospitalidade; mas uma chamada clara ao facto de que a única coisa deveras necessária é outra; ouvir a Palavra do Senhor; e o Senhor naquele momento está ali, presente na Pessoa de Jesus! Tudo o resto passará e ser-nos-á tirado, mas a Palavra de Deus é eterna e dá sentido ao nosso agir cotidiano."
>
> **Papa Bento XVI**
> *Angelus* do dia 18 jul. 2018
> Disponível em: <www.vatican.va/content/benedict-xvi/pt/angelus/2010/documents/hf_ben-xvi_ang_20100718.html>. Acesso em: 16 jun. 2023.

Revisão da oração

1 O que eu **rezei** nestes textos?

2 O que eu **senti** na minha oração?

3 O que **Deus me mostra** hoje para a minha vida?

QUAL A PALAVRA PARA O SEU DIA HOJE?

Jesus
com o centurião

6
Mt 8,5-13

> *Senhor, respondeu o centurião, não sou digno de que entres na minha casa, mas dize uma só palavra e o meu filho ficará curado."*

Jesus nos revela o quanto é universal o alcance da sua palavra. Ele curou muitos possessos pela força da Palavra. Curou o filho do centurião pela força da sua Palavra. É a Palavra de Deus que nos salva e levanta. Ele nos coloca à disposição para servir mais.

A cura vai além das barreiras religiosas, vai além da estrutura social. O amor e a empatia pedem passagem sempre. A fé daquele homem, revela o quanto muitas vezes nós não conseguimos entender a experiência de Deus como lugar de encontro da nossa identidade. Em Cristo está o homem novo, nele está a nossa cura, a experiência com ele nos faz ser também pessoas novas.

Recriando a cena...

*Estamos diante do encontro
de Jesus com o centurião,
um homem de batalhas, um líder,
veja as suas vestes.
Imagine a sua casa, o tamanho dela,
o seu filho doente acamado
e a aflição que sentem ao ver que
alguém está prestes a morrer.*

Imaginemos Jesus aliviando a dor destes homens, a presença de Jesus cura e salva. Escute o que dizem, o que conversam.

Todos os dias na eucaristia, nós, assim como o centurião, repetimos "Senhor, eu não sou digno de que entreis em minha morada, mas dizei uma palavra e serei salvo". Reconhecemos assim a nossa pequenez, mas, ao mesmo tempo, reconhecendo que ele entrará em nossa vida limitada, alargando os nossos horizontes. De fato, a nossa situação frágil e marcada pelo pecado, pode até gerar em nós um sentimento de não merecimento, mas Jesus sempre está disposto a entrar em nossa casa.

É preciso então pedir ao Senhor a graça da nossa conversão, pois às vezes os nossos sentidos estão afetados: o nosso olhar já não "olha", nosso sentir já não "sente", as nossas emoções por vezes estão corrompidas. Estamos focados e centrados em tudo o que é artificial e que já manipulou toda a nossa vida. A gente vê o pobre sofrendo e não ficamos tocados, vemos a dor dos pobres e não sofremos, vemos mortes e não sentimos luto ou, quando necessário, indignação. Nos acostumamos à injustiça. Nós já não sentimos empatia, já não somos capazes da compaixão, de nos identificarmos com a dor do outro.

Criamos barreiras e nos mantemos distantes. Há algo que está desorientado em nossa vida e sentidos. Há algo contaminado e que nos corrói por dentro e não percebemos. A sensação é que somos como que zumbis, mortos vivos, parecemos estar vivos, mas estamos mortos por dentro.

Nada nos afeta mais que ganhar dinheiro, acumular, esbanjar. Seria este o objetivo da nossa vida? Não podemos manter o olhar naquilo que não é o Reino de Deus.

A empatia de Jesus a sua sensibilidade em curar

aquele homem, revela o que ele era, um homem de grande sensibilidade, ele tinha todos os seus sentidos voltados para a realidade que o cercava. Isso o movia. É preciso colocar-se sempre no lugar do irmão e da irmã.

Para interiorizar...

- Qual a minha situação pessoal diante da eminente visita de Jesus?
- Como posso me aproximar mais do Senhor?

Para meditar...

- Apesar da nossa fragilidade, Jesus sempre nos ama e quer estar conosco.
- Um olhar novo, um sentir novo é fundamental para que não caiamos na tentação do "sempre foi assim".

> "Necessitamos definitivamente a orla de um manto que possamos tocar, ou seja, uma pegada concreta que nos permita com fundamento o voo espiritual. Necessitamos da prosa e da poesia."
>
> **Pablo d'Ors**
> *Biografia de la luz*
> Barcelona, Galaxia Gutenberg, 2021, 308 (tradução nossa).

Revisão da oração

1 O que eu **rezei** nestes textos?

2 O que eu **senti** na minha oração?

3 O que **Deus me mostra** hoje para a minha vida?

QUAL A **PALAVRA** PARA O SEU DIA **HOJE?**

Jesus
com a mulher que o tocou

7

Mt 9,20-22

> *Ora, certa mulher, que havia doze anos padecia de perda de sangue, se aproximou por detrás e tocou na barra do seu manto. Porque pensava: 'Se eu tocar pelo menos no seu manto, ficarei curada'. Mas Jesus, voltando-se e vendo-a, disse: 'Coragem, filha, tua fé te salvou'. E no mesmo instante a mulher ficou curada.*

Quantas vezes nos aproximamos de Jesus com certo receio, medo, insegurança. A nossa oração nem sempre é feita com aquela convicção, amizade e intimidade que deveria ter. Jesus muitas vezes é pregado e ensinado como alguém distante ou um Deus, separado, que veio para algumas pessoas, não é percebido como proximidade e assim, vamos nos acostumando a um Jesus majestoso, coroado, distante, de poucas relações e falas.

Mas o verdadeiro Jesus, ele está no meio do seu povo.

As pessoas, naquele tempo, se aproximavam dele e sua compaixão nunca falhou, ele sempre cuidou e se deixou cuidar.

O chefe aproximou-se de Jesus e falou da morte da sua filha. Neste mesmo instante uma mulher veio e o tocou por detrás. Jesus sentiu que alguém o tocara. Nada foi em vão, o esforço daquela mulher, a coragem de tocar em seu manto, e mesmo seus anos de sofrimento. Jesus quer saber quem o tocou, quer conhecer, criar relações e não pode perder a oportunidade.

Ele sente que uma força saia dele, ele sente que aquela mulher com a sua fé ao tocar nele, em sua veste, também apontava para tantas mulheres que vivem à margem das oportunidades e sofrem tanto.

Recriando a cena...

*Imaginando Jesus
em meio a uma multidão
Enquanto isso, esta mulher
com hemorragia toca-o.
Imagine as roupas de Jesus,
o que ele fazia?
Imagine as vestes da mulher,
o seu rosto sofrido e confiante,
ao mesmo tempo,
participe da cena tocando com ela
na borda do manto de Jesus.
Participe do momento
em que Jesus olha para ela,
testemunhe este momento.
O que você quer dizer a Jesus?*

O cotidiano de muitas mulheres é cheio de lágrimas e solidão, sofrimento e dor. Mas Jesus não veio para ratificar as coisas, ele veio para dar vida plena a todos. A vida daquela mulher sofrida e humilhada, passa a ser uma vida plena, com dignidade e com valor, pois Jesus a olhou em seus olhos e a curou.

Olhe para a sua vida: o que hoje sangra em sua história e cotidiano? Quais são as dores e feridas abertas que você carrega dentro de seu íntimo? Apresente tudo isso a Jesus, tenha coragem. Será preciso sair da escuridão e do medo, ir em direção à coragem e ousadia, ir na direção da luz, para que o encontro com Cristo ilumine as trevas que habitam em cada um de nós.

Cada encontro com Jesus traz à tona muitas possibilidades sobre o que devemos e poderemos ser, o seu olhar resgata em nós tudo o que o mundo e as trevas querem esconder. A força da presença de Cristo é resgatadora, enquanto o pecado é esmagador.

Não se entregue ao desânimo e ao medo, nunca. Clamar por Jesus, aproximar-se dele, chegar perto, silenciosamente, tocar em seu manto, é também uma oração que cura e transforma de uma vez por todas a nossa vida. Com Jesus não é preciso cerimônias, ele se faz presente em cada gesto de carinho que também nós fazemos, ele se dá em cada abraço e olhar que damos. "Se eu conseguir ao menos tocar o seu manto, eu ficarei curada" pensou aquela mulher sofrida; ela não tocou apenas o manto de Jesus, ela tocou a vida dele, seu corpo, seus sentimentos.

Para interiorizar...

* Permito o acesso à minha pessoa?
* Sei ser presença curadora através de gestos de carinho e amor?

Para meditar...

* Jesus está inteiro quando se encontra conosco, ele sente a nossa presença.
* É fundamental a ousadia na oração e na vida.

> Não se trata apenas de procurar um remendo para a vida que nos estoura... trata-se, sim, de redescobrir que dentro do deserto que eu sou, Deus acorda uma fonte de água viva. E isso muda tudo."
>
> **José Tolentino**
> *A mística do instante*
> São Paulo, Paulinas, 2016, 79.

Revisão da oração

1 O que eu **rezei** nestes textos?
_____
_____
_____
_____
_____
_____
_____

2 O que eu **senti** na minha oração?
_____
_____
_____
_____
_____
_____
_____

3 O que **Deus me mostra** hoje para a minha vida?
_____
_____
_____
_____
_____
_____
_____

QUAL A PALAVRA PARA O SEU DIA HOJE?

Jesus
com os discípulos na Galileia

8
Mt 4,12-23

> *Disse-lhes então Jesus: 'Segui-me, e farei de vós pescadores de homens'. E eles, largando as redes, o seguiram imediatamente. Mais adiante, viu outros dois irmãos: Tiago, filho de Zebedeu, e João, seu irmão. Estavam na barca com o pai Zebedeu e aprontavam as redes. Ele os chamou. Abandonando a barca e o pai, o seguiram imediatamente.*

Hoje precisamos entrar e participar do barco de Jesus, esta será uma oportunidade única. Viver com Jesus é isso, entrar em seu barco, atravessar o mar, ficar com ele e ver, testemunhar como ele desenrola a vida e missão. Pouco a pouco, Jesus vai criando identidade em seus amigos. O testemunho real e concreto de quem teve a ousadia de amar até as últimas consequências, entregando a própria vida pela verdade e pelas vidas do seu povo. A espiritualidade como encontro, que forja identidade, tem o seu papel fundamental e decisivo.

Recriando a cena...

Vejamos os passos e
a vida de Jesus na Galileia,
quando ele encontra André e Pedro.
Estes pescavam peixes,
Jesus os encontra e os convida.
Assim acontece também com Tiago e João,
todos se transformam em seguidores de Jesus.

Imagine o momento do encontro com cada um, o olhar de Jesus e a sua voz. Escute o que eles conversam, o convite e a resposta.

A amizade de Jesus gera vida e identidade. Se não sabemos quem somos, não saberemos por qual motivo e por quem doar a vida, gastar a vida. Não devemos nunca ter medo, pelo contrário, é preciso sim, entrar na barca, ficar com ele, escutar o que ele tem a dizer. A sua palavra nos põe no mesmo caminho dele. Jesus com sua vida nos convida a não termos medo do amor, da empatia, a não termos medo de gastar a vida. Hoje, Jesus nos convida à "Galileia" dos dias atuais, para testemunharmos como missionários atuais, para que possamos fazer com que as pessoas se sintam atraídas pelo Cristo mesmo.

O vazio e falta de significado que sentimos vem do fato de não sabermos o que fazer da vida. Quantas pessoas desorientadas, esvaziadas e sem rumo.

As dores, os sofrimentos, o peso da vida, sempre nos convidam a não termos medo de irmos ao encontro dessa barca de Jesus. Às vezes a travessia não é fácil, em meio às ondas, mas Deus mesmo cuida e nós, nos tranquiliza e nos assegura que em nossa "Galileia" particular, cheia de confusão, pobreza, desmandos, como muitas vezes nos encontramos, Jesus mesmo vai percorrendo a nossa vida, todas as regiões e nós, vamos apresentando-lhe as nossas doenças, limites, medos, angústias, lágrimas, traições, frustrações e sofrimentos. Assim deve ser a vida, na medida que vamos conhecendo mais Jesus, vamos nos aproximando dele, e colocando nele a nossa esperança. Não há espaço para regredir, a sua presença nos garante mais vida e mais alegria.

A alegria que o mundo oferece não nos garante nada, a não ser um prazer limitado, mas a alegria que Cristo nos apresenta é perene, nos garante lugar ao seu lado, no barco da vida.

Jesus é esse amigo que nos sustenta em seu silêncio, com a sua presença terna, ao mesmo tempo forte e necessária. Não é possível singrar "mares", sem a sua presença, o risco de afundar é muito grande. É nele que devemos colocar a nossa existência e nada fora dele subsiste.

O mar da vida balança, pode nos afundar, mas se estivermos com Cristo em nossa vida, e se nós estivermos em seu barco, nada nos afetará. Mantenhamos o foco nele.

Para interiorizar...

* Como tenho buscado a estabilidade da minha vida quando meu mundo balança?
* Nesse barco da vida, estou sentado perto de Jesus, ou me distancio dele?

Para meditar...

* Nada pode abalar a nossa segurança no Senhor.
* Ele tem o controle de tudo.

> Enquanto caminha, seja pela praia, pela planície ou pelas plantações, Jesus claramente procura as bifurcações. Sai percorrendo estradas por onde ninguém jamais passou. E os discípulos seguem seus passos, abrindo picadas pelo meio da plantação."
>
> **Rodrigo Alvarez**
> *Jesus: o homem mais amado da história*
> São Paulo, Leya, 2018, 101.

Revisão da oração

1 O que eu **rezei** nestes textos?
_____
_____
_____
_____
_____
_____

2 O que eu **senti** na minha oração?
_____
_____
_____
_____
_____
_____

3 O que **Deus me mostra** hoje para a minha vida?
_____
_____
_____
_____
_____
_____

QUAL A PALAVRA PARA O SEU DIA HOJE?

Jesus
com o homem da mão paralítica

9

Lc 6,6-11

> Mas Jesus conhecia os seus pensamentos e disse ao homem da mão paralítica: 'Levanta-te e fica de pé aqui no meio'. Ele se levantou e ficou de pé. Então Jesus lhes disse: 'Eu vos pergunto: É permitido no sábado praticar o bem ou fazer o mal, salvar uma vida ou perdê-la?'. E, passeando o olhar por eles todos, disse ao homem: 'Estende a mão!'. Ele assim fez. E a sua mão ficou boa.

Jesus, com sua presença, mais uma vez, coloca o ser humano no centro, é o ser humano que vai encontrar Jesus e vai experimentar nele o rosto amoroso do Pai. Através das curas de Jesus, dos milagres de Jesus, cada pessoa encontrava, pouco a pouco, o rosto terno e amoroso do Pai.

Recriando a cena...

Ver Jesus com este homem da mão paralítica.
Criar o ambiente da sinagoga.
Jesus estava ensinando
e lá estava este homem sofrido,
mas lá estavam também os escribas e fariseus,
para vigiar Jesus e ver se
ele curaria em dia de sábado.
Imagine um ambiente um pouco tenso,
mas ao mesmo tempo, foque no encontro
de Jesus com este homem que hoje é libertado.
O que eles falam?

Cada cura de Jesus aponta, para nós, seres humanos, e para a Igreja, uma dimensão da nossa vida que deve ser curada também. Jesus quer, na verdade, curar o nosso coração. Porque, curando o nosso coração, ele cura o corpo; ao curar nossos sentidos, ele cura o sentido de nossa vida. Jesus revela hoje que, acima da caridade e do amor, nada pode ser colocado.

Primeiro vem o ser humano, a vida plena. Pois foi para isso que ele veio: para que todos tenham vida plena. Tudo aquilo que ameaça a vida plena do irmão não pertence a Deus, não é do Reino de Deus. Tudo aquilo que fortalece, plenifica, inclui a vida do irmão é obra do Espírito.

Olhemos ao nosso redor, para a nossa vida pessoal, para a nossa vida comunitária... qual dimensão da nossa vida precisa ser curada? Qual realidade da nossa vida precisa ser curada? O que em nós precisa ser curado?

Não esqueçamos de pedir a Jesus a graça de curar os nossos sentidos, converter os nossos sentidos. Para que, assim, possamos ver e trazer as pessoas excluídas para o meio.

Trazer as pessoas feridas/curadas para o meio. É preciso perceber que toda essa discussão veio de uma armadilha que colocam para Jesus. Porque Jesus vai além da lei, ultrapassa a lei que não reconhece o ser humano como centro. E se diz no texto bíblico que eles queriam matar Jesus. Eles queriam exterminar Jesus. Porque não estavam de acordo com aquela lei do amor que Jesus ensinava. Infelizmente, muitas vezes, vivemos a mesma lei do ódio, da divisão. Quando não estamos de acordo, queremos brigar, destruir, matar, exterminar o adversário ou a pessoa diferente. Logo tramamos contra, assim como fizeram com Jesus.

Olhemos para o coração. Sintamos o quanto precisamos aprender com Jesus a amar, a incluir, a cuidar. Pois, como nos lembra o Papa Francisco, "Todos somos irmãos".

Para interiorizar...

✸ O que em mim está "paralisando/secando"?

✸ De que modo eu acolho Jesus em minha vida cotidiana?

Para meditar...

✸ Nada e ninguém poderá nos impedir de chegar ao Senhor.

✸ A amizade com Cristo resgata em nós a plenitude do nosso corpo de Cristo.

> O Amor de Jesus alcançou mesmo os que não poderiam ser amados e não temeu o contato com eles."
>
> **R. E. Brown, J. A. Fritzmyer e R. E. Murphy**
> *Novo Comentário Bíblico São Jerônimo*
> São Paulo, Academia Cristã, 2011, 165.

Revisão da oração

1 O que eu **rezei** nestes textos?
_____
_____
_____
_____
_____
_____

2 O que eu **senti** na minha oração?
_____
_____
_____
_____
_____
_____

3 O que **Deus me mostra** hoje para a minha vida?
_____
_____
_____
_____
_____
_____

QUAL A PALAVRA PARA O SEU DIA HOJE?

Jesus
com o paralítico na piscina

10

Jo 5,1-18

> *Quando Jesus o viu estendido e, sabendo que havia muito tempo que estava naquela situação, perguntou-lhe: 'Queres sarar?'.*
> *O doente respondeu: 'Senhor, não tenho ninguém que me faça mergulhar na piscina quando borbulham as águas. Quando chego, outro já desceu antes de mim!'.*
> *Jesus lhe disse: 'Levanta-te, apanha teu leito e anda'. No mesmo instante o homem ficou curado.*

Seguimos pedindo "a graça de um conhecimento interno de Cristo, que por nós se fez homem", para que assim possamos mais amá-lo e segui-lo.

Podemos, todos nós, nos colocar na situação desse paralítico. Mas não podemos tirar o foco de Jesus. Temos pecados e limites. Mas, no encontro com Jesus, ele nos liberta de forma tal que nos põe preparados para servir no mundo.

Recriando a cena...

Jesus curando.
Imaginemos Jesus, o paralítico e
outras pessoas naquela região e situação.
Certamente ele não era o único nesta situação.
Imagine Jesus curando e
perdoando os seus pecados.
Imagine a dignidade recuperada deste homem.
Imagine os olhares, os silêncios e a surpresa.

O perdão dos pecados, concedido ao paralítico foi considerado uma blasfêmia pelos inimigos de Jesus. Era como se usurpasse algo exclusivo de Deus. Como se Deus só agisse na vida deles. E Jesus quebra esse paradigma. Aqueles homens não percebiam que a maldade e a rigidez de seus corações impediam que pessoas comuns, pobres, tivessem acesso a Deus.

Jesus cura aquele homem na alma, no espírito e na carne. É algo muito forte, muito profundo, muito especial.

Jesus não cura só uma parte da pessoa, não faz um trabalho pela metade. Ele cura integralmente. Agora, precisamos, com coragem, dar esse passo em direção da mudança.

Sair de nossas estruturas rígidas, que nos prendem ao nosso pecado, ao nosso passado, à nossa história e nos colocar, cheios de esperança, de pé, curados, livres, para também nos colocarmos na sociedade como aquelas pessoas que estão a serviço, para colocar outras pessoas de pé, curar, salvar.

Quando Jesus purifica do pecado, ele nos dá a dignidade de filhos e filhas. E nos convida a que estejamos a serviço dos demais. Aí está o verdadeiro milagre: o encontro com Jesus, pela Palavra, no silêncio, no interior, vai quebrando em nós, destruindo dentro de nós várias idolatrias. Muitas vezes alimentamos imagens equivocadas de Deus e de Cristo.

Quando encontramos o verdadeiro Cristo, o resultado concreto é o serviço, a caridade e a empatia.

Que tal, hoje, ofertarmos ao Senhor tudo o que

temos e somos, sem medo? Porque, quando temos consciência do que somos e o que temos, queremos ofertar. Pois, a graça de Deus é o que nos basta. Tudo o que temos e possuímos vem dele e deve voltar para ele.

Olhemos agora para o que tenho como dom principal em minha vida? O que poderia eu ofertar a Deus?

Para interiorizar...

* O que em mim ainda me impede de ver e experimentar Jesus em profundidade?
* Qual são os meus dons recebidos de Deus?

Para meditar...

* A luz que brilha em minhas trevas é Cristo.
* Ninguém pode fugir, o seu amor é para sempre e para todos.

> "Pense em um pianista. Ele está tocando uma belíssima sonata. Você chega para ele e pergunta: Essa música vem de você ou do piano?...
> A música é fruto da relação entre piano e pianista. Ambos são necessários."
>
> **Clóvis de Barros Filho e Pedro Calabrez**
> *Em busca de nós mesmos*
> Porto Alegre, Citadel, 2017, 227.

Revisão da oração

1 O que eu **rezei** nestes textos?
_____
_____
_____
_____
_____
_____

2 O que eu **senti** na minha oração?
_____
_____
_____
_____
_____
_____

3 O que **Deus me mostra** hoje para a minha vida?
_____
_____
_____
_____
_____
_____

QUAL A **PALAVRA** PARA O SEU DIA **HOJE?**

Jesus
com os leprosos

11

Mt 8,1-4

> Aconteceu que um leproso chegou perto e se prostrou diante dele, dizendo: 'Senhor, se queres, podes curar-me'. Jesus estendeu a mão, tocou nele, e respondeu: 'Eu quero! Estás curado'. E no mesmo instante ele ficou curado da lepra.

Olhando bem para este leproso, podemos até nos perguntar: serei eu? Quando colocamos o olhar sobre ele, vemos como ele passou por uma verdadeira transformação, assim como todos nós, enfermos e pobres pecadores, tanto necessitamos desta experiência. Muitas vezes experimentamos a marginalidade: ficamos marginalizados, isto é, sentimos o desprezo, a humilhação pública, porque infelizmente a sociedade na qual vivemos ela é também, fruto desta violência contra tantos "leprosos" dos dias atuais.

Recriando a cena...

*Imaginando primeiro
pessoas leprosas, distanciadas,
isoladas e humilhadas,
o ambiente de doença e dor.
O que vestem, como vivem e onde vivem.
Imagine a relação e encontro com Jesus.
Traga à imaginação as feridas
e os sofrimentos deles.
Escutem o que falam, pedem e
como conversam com Jesus.*

Tantas pessoas que por causa da sua cor, do seu sexo, da sua cultura, são desrespeitadas e marginalizadas, entretanto, este leproso do evangelho, sai da marginalidade e passa a proclamar as maravilhas operadas por Jesus. A quem interessa que os pobres e marginalizados, não venham ao centro? À luz? A quem interessa que os pobres, idosos, crianças, migrantes, continuem invisíveis? Quase que sem nos incomodar? Pois bem, quando experimentamos a bondade sem fim do Senhor, o que nos resta? Anunciar.

De fato, mesmo Jesus pedindo que não dissesse nada a ninguém, aquele homem não aguentou. Hoje a nossa sociedade, separa, divide e distancia, quer esconder aqueles que ela sente e vê como leprosos. O encontro com Jesus, faz aquele homem experimentar a cura e a libertação. Ele experimenta cura e a compaixão de Jesus, a empatia e a solidariedade.

Uma vez curado, aquele homem poderia ter ido para casa, para a sua realidade. Mas não, anuncia a bondade infinita do Senhor e comunica tudo o que viu, experimentou, vivenciou e sentiu. Ele viu como o encontro com Jesus mudou a sua vida. Como poderia fica sem anunciar tanto bem que o Senhor fez?

Também nós precisamos comunicar e dizer em alto e bom som, tudo o que o Senhor fez e faz por nós. Se não o fizermos, as pedras falarão. Por isso, esta é a nossa vez. Que possamos proclamar a bondade e a misericórdia do senhor, tudo o que ela faz, fez e fará por nós. Com muita confiança e alegria, coloquemo-nos irmãos e irmãs, no caminho do serviço gratuito.

Poderíamos também nós olhar para as nossas lepras, aquelas invisíveis? Porque não? Há um tipo de lepra que nos fere por dentro, nos humilha desde dentro. É necessário que a nossa interioridade seja visitada por Jesus, para que ele nos cure internamente.

Só assim, saborearemos a sua força amorosa e infinita. Lá onde ninguém vê, ninguém sente, ninguém participa, a nossa lepra mora. Mas é Jesus a nossa cura.

Para interiorizar...

✳ Quais as minhas feridas invisíveis?

✳ Tenho cuidado e buscado tratar das minhas feridas ou estou descuidando de mim mesmo?

Para meditar...

✳ Ele nos conhece por dentro, todas as nossas feridas e males.

✳ Ele é a nossa cura.

> "Crer é confiar em seu amor e em sua palavra e compreender que vale a pena apostar a vida inteira por esta opção. A aposta é o monte de dinheiro que alguém arrisca num lance de jogo. O crente joga tudo em Deus, apoiado em sua promessa."
>
> **Eduardo López Azpitarte**
> *Culpa e pecado*
> Petrópolis, Vozes, 2005, 78.

Revisão da oração

1 O que eu **rezei** nestes textos?
_____
_____
_____
_____
_____
_____
_____

2 O que eu **senti** na minha oração?
_____
_____
_____
_____
_____
_____
_____

3 O que **Deus me mostra** hoje para a minha vida?
_____
_____
_____
_____
_____
_____
_____

QUAL A **PALAVRA** PARA O SEU DIA **HOJE?**

Jesus
cura um cego

12
Jo 9,1-41

> Os discípulos perguntaram: 'Mestre, quem pecou, para este homem nascer cego, foi ele ou seus pais?'. Jesus respondeu: 'Nem ele nem seus pais, mas isso aconteceu para que as obras de Deus se manifestem nele'. [...] Tendo falado isto, cuspiu no chão, fez um pouco de lama com a saliva e untou os olhos do cego com ela, ordenando-lhe: 'Vai te lavar na piscina de Siloé' (palavra que significa Enviado). Foi, lavou-se e voltou enxergando.

Assim como esse jovem professou a sua fé, nós também somos convidados a professar a nossa. A ele foi perguntado: tu crês no Filho do Homem? E ele respondeu: Quem é, Senhor, para que eu creia nele. Jesus respondeu: Tu estás vendo. É aquele que está falando contigo. E ele exclamou: Eu creio, Senhor! E ajoelhou-se diante de Jesus.

Recriando a cena...

Encontramos Jesus que cura um cego.
Neste encontro imaginemos
este homem cego pedindo esmolas,
sendo humilhado toda a sua vida.
Vejamos Jesus cuspindo no chão
e fazendo lama para colocar
nos olhos do homem.
Contemplemos o homem lavando
os seus olhos e sendo curado.

Ao mesmo tempo,
vejamos a confusão na cabeça das pessoas
que sempre viram aquele homem humilhado
e agora o veem liberto.

Hoje, somos convidados a responder esta pergunta: Quem é que está abrindo os nossos olhos? Quem é que está curando as nossas feridas? Quem é que está dando a oportunidade de olharmos o mundo com outros olhos?

Muitas vezes, nós passamos toda a nossa vida cegos, olhando e vendo as coisas artificialmente. Não colocamos profundidade naquilo que fazemos. O encontro pessoal com Jesus nos levará a que exclamemos também: Eu creio, Senhor! Eu creio.

Ao mesmo tempo, hoje, nós somos convidados a dar testemunho de Jesus de modo maduro. Ele abriu os nossos olhos. "Ele aplicou lodo em meus olhos. Eu fui lavar-me e agora vejo". Todos os dias a Palavra de Deus abre os nossos olhos. Todos os dias Jesus abre os nossos corações. Todos os dias Jesus nos liberta da nossa cegueira.

Vivemos em tempos difíceis, quando há tantas luzes, porém, enxergamos tão pouco. As luzes nos tiram a capacidade de ver a vida como ela é. Ao mesmo tempo, Jesus que é a luz do mundo, quer curar as nossas cegueiras. Quantos processos internos vivenciamos e nos fechamos por estarmos cegos.

Não fujamos de Jesus, pelo contrário, deixemos que sua luz nos atinja profundamente, nos afete profundamente. Pois ele é a luz do mundo. É a luz que veio para brilhar nas trevas. Acolhamos esta luz. Deixemos que esta luz nos guie. E que a experiência com Cristo Jesus nos faça, cada vez mais, homens e mulheres capazes de enxergar o mundo com outros olhos. Não tenhamos medo dos planos de Deus em nossa vida. Não tenhamos medo daquilo que Deus reservou para cada um de nós. Não tenhamos medo dos novos olhos que Deus tem para nos dar. Uma vez que ele abra nossos olhos, precisamos dar testemunho. Que ele nos dê a sua sabedoria. Que ele nos dê a sua graça. Que ele nos dê a sua força.

Ele que tira toda a escuridão dos nossos olhos. Ele que coloca o lodo nos nossos olhos e nos cura, pede para que passemos na piscina de Siloé – nome que significa enviado – para lavar os olhos.

Hoje Jesus abre os nossos olhos e nos envia ao mundo a anunciar tudo o que vimos, sentimos e experimentamos.

Para interiorizar...

* Quais as minhas cegueiras? O que me impede de ver Jesus e a mim mesmo?
* O que tenho feito para uma maior aproximação de Jesus e da sua luz?

Para meditar...

* Ele se encarnou para iluminar as nossas trevas e curar a nossa cegueira.
* Ele participa da nossa cura, mas não força a nada: oferece um processo.

> "O conhecimento e a aceitação de si mesmo, ajuda a ser pessoas integradas. Por isso, é essencial entrar em contato com a parte vulnerável, ou seja, com a própria ferida, para poder iniciar o processo de cura e crescimento."
>
> **Carlos Rafael Cabarrús**
> *Crecer bebiendo del proprio pozo*
> Bilbao, Desclée, 1998, 27 (tradução nossa).

Revisão da oração

1 O que eu **rezei** nestes textos?
_____
_____
_____
_____
_____
_____

2 O que eu **senti** na minha oração?
_____
_____
_____
_____
_____
_____

3 O que **Deus me mostra** hoje para a minha vida?
_____
_____
_____
_____
_____
_____

QUAL A **PALAVRA** PARA O SEU DIA **HOJE?**

Jesus
e a mulher cananeia

13
Mc 7,24-30

> Jesus respondeu: 'Deixa que os filhos se alimentem primeiro; porque não é justo tirar o pão das crianças e dar aos cachorrinhos'. Mas ela respondeu assim: 'É verdade, Senhor. Mas também os cachorrinhos, que ficam debaixo da mesa, comem as migalhas das crianças'. Jesus então lhe disse: 'Por causa desta resposta, vai para casa: O demônio já saiu da tua filha'.

Que Evangelho lindo! Fabuloso!
Vemos Jesus, hoje, que se deixa impactar pela dor daquela mãe, que vem de outra região, de outra cultura, de outra religião. Mas que encontra em Jesus aquela esperança e aquela cura para a sua filha.

Recriando a cena...

Imaginando o coração sofrido
daquela mulher, naquele instante,
quando seu sofrimento
faz Jesus perceber a
grandiosidade da fé dessa mãe.
Ela se joga aos pés de Jesus
pedindo a cura da sua filha.
Contemplemos o ambiente, a mesa,
a fala de Jesus, a dor daquela mulher.
Como se olhavam.

E, claro, quando ela chegou em casa a sua filha estava curada. Jesus foge à regra e atende o pedido daquela mulher estrangeira. Atende o pedido daquela mãe, que ouvira falar sobre ele. Que ouviu falar sobre Jesus, pois não o conhecia. E, claro, Jesus era, a todo instante, interpelado por várias pessoas, de várias realidades, inclusive pessoas que nem aguardavam a vinda do Filho de Deus, a vinda de Jesus. Jesus, então, abre a possibilidade de cura, de salvação e de vida nova para essas pessoas. Hoje, Jesus mostra, com o seu exemplo – e fugindo da rigidez, da norma – que o Evangelho pode alcançar muitas culturas e pessoas. Papa Francisco insiste que o maior pecado do cristão é o proselitismo. Ou seja, violentar a liberdade da pessoa, violar a liberdade da pessoa, querendo impor uma religião. O que Jesus faz hoje é totalmente o contrário: Ele age por amor, no amor, com amor, para que a religião não seja empecilho para a ação amorosa de Deus.

Jesus, nós te pedimos hoje, independente da nossa religião, do nosso modo de crer: dai-nos a tua presença, teu amor discreto, que não impõe, mas que ama. Dai-nos a tua sabedoria, para que experimentemos que, de fato, "não é o muito saber que sacia e satisfaz a alma, mas é o sentir e saborear as coisas internamente" (EE 2). Pois, isso transforma a nossa vida, nos coloca no mundo de uma forma diferente, não a partir do que sabemos, do que lemos, do que temos. Mas, a partir do que somos.

Peçamos a graça da conversão ao Evangelho, à vida de Cristo, ao seu seguimento.

Santo Inácio de Loyola já dizia que não é o muito saber que sacia e satisfaz internamente, mas saborear todas as coisas no íntimo, no mais profundo. Saboreemos então a presença de Cristo que internamente nos cura, pois ele nos olha desde dentro, não fica prezo a preconceitos e vai além daquilo que esperamos.

Para interiorizar...

- Qual a minha verdadeira fome?
- O que me faz insistir hoje com o Senhor?

Para meditar...

- O olhar do Senhor me afeta e me marca?
- Ele sacia todas as minhas fomes e sedes?

> Quando a pessoa reza de coração a Deus, encontra-se com a humanidade. Não é então que quando buscamos verdadeiramente a humanidade que nos encontramos finalmente com Deus?
>
> **Pablo d'Ors**
> Op. cit., 2021, 316 (tradução nossa).

Revisão da oração

1 O que eu **rezei** nestes textos?

....
....
....
....
....
....
....

2 O que eu **senti** na minha oração?

....
....
....
....
....
....
....

3 O que **Deus me mostra** hoje para a minha vida?

....
....
....
....
....
....
....

QUAL A
PALAVRA
PARA O SEU DIA
HOJE?

Jesus
e o surdo-mudo

14
Mc 7,31-37

> *Trouxeram-lhe certo homem surdo e gago. Rogavam-lhe que lhe impusesse a mão. Levando-o à parte, longe da multidão, colocou os dedos nos ouvidos dele e, com saliva, tocou a sua língua. Erguendo os olhos ao céu, deu um suspiro e disse-lhe: 'Effatá', isto é, 'Abre-te!'. E os seus ouvidos se abriram imediatamente, e o nó de sua língua se desatou, de sorte que ele falava corretamente."*

Jesus continua, na sua missão, confundindo a uns, revelando-se a outros, abrindo os olhos e os ouvidos de alguns, para aproximar-se, para trazer-lhes o Reino de Deus. Jesus não resiste a uma vida sofrida, a uma vida humilhada. Até aqueles que não o conhecem se surpreendem com tanta bondade. Ele faz bem todas as coisas! Jesus traz consigo uma sensibilidade extraordinária e fantástica.

Ele olha em profundidade. Ele escuta em profundidade. Ele se aproxima em profundidade. Jesus não perde tempo. Ele salva. Ele cura. Ele deixa as pessoas maravilhadas com a sua presença. Pessoas cansadas e sofridas, amarguradas, sem esperança, mas que, com proximidade, com empatia, ele as vai levando a vislumbrarem o novo. Assim pode ser na sua vida também, hoje.

Recriando a cena...

Entremos no encontro de Jesus com este surdo-mudo, percebamos o ambiente,

o que vestem, a troca de olhares,
a posição dos corpos.
Percebamos a forma como Jesus
afeta a vida deste homem.
Vejamos a forma como este homem
espera em Jesus e sua alegria ao escutá-lo,
curado e libertado.
Quais as primeiras palavras de Jesus para ele?
Participe da cena.

Será que não estamos vivendo presos a esquemas antigos e não percebemos quando Jesus se aproxima, por exemplo, na Palavra dele, todos os dias? Ele está no meio de nós através da sua Palavra. Nós é que precisamos sair do centro para que Jesus venha a ser o centro. Precisamos ser tirados do centro da nossa vida para que possamos olhar, perceber como Deus realiza em nossa vida concreta tantas coisas. É ele que nos sustenta. Ele que nos salva. Ele que é bondoso sempre.

Quando nos tornamos o centro da nossa vida, perdemos a possibilidade de ver como Cristo é o verdadeiro centro da vida. Quando colocamos Jesus como o centro da nossa existência, vamos experimentando como ele é a nossa salvação, a cura e a libertação para todas as realidades mais estranhas e mais duras.

Quantas vezes, Senhor, perambulamos, como ovelhas sem pastor, de igreja em igreja, mudando de igreja, perdendo a fé, porque queremos resolver os nossos problemas no nosso tempo, do nosso modo. Mas, é porque não confiamos como deveríamos e não enfrentamos os nossos problemas e sofrimentos como deveríamos.

A solução do nosso problema nem sempre é real a solução.

A solução para o nosso problema está, justamente, no modo como eu me relaciono com Cristo, como eu vou enfrentar e assumir a minha cruz com ele. Aí está o grande mistério.

Não posso achar que aquele problema que está em minha vida, aquela doença, aquele sofrimento é vontade de Cristo. Que assim acontece porque ele quer. Não! Ele nos ensina, nos dá forças para que possamos vivenciar, suportar e vencer os problemas, com ele, no tempo dele, no modo dele. Talvez, o que precisamos aprender de Jesus é passar pela cruz para alcançar a vida.

Jesus quer curar a nossa dificuldade em escutar a Palavra e compreender a Palavra. Quer curar o nosso ouvido. Ele nos chama: vem! Venha para mim, se aproxime, abra sua vida para minha vida. Éffata!

Para interiorizar...

✱ Qual o centro da minha vida?

✱ Tenho clareza sobre a minha verdadeira realidade de não escutar e não enxergar tudo o que está na periferia da minha vida?

Para meditar...

✱ O que me faz viver sem uma orientação desde o centro da minha vida que é Cristo?

✱ Reconheço a bondade do Senhor?

> "Diante dos seus oponentes, Jesus muda a própria definição do permitido: não é possível cumprir a Lei se ultrapassar suas exigências a fim de fazer mais do que aquilo que ela manda."
>
> **Camille Focant**
> *Polêmica e hostilidade*
> In: Joseph Doré, Jesus, a enciclopédia
> Petrópolis, Vozes, 2017, 458.

Revisão da oração

1 O que eu **rezei** nestes textos?

_____
_____
_____
_____
_____
_____
_____

2 O que eu **senti** na minha oração?

_____
_____
_____
_____
_____
_____
_____

3 O que **Deus me mostra** hoje para a minha vida?

_____
_____
_____
_____
_____
_____
_____

QUAL A PALAVRA PARA O SEU DIA HOJE? ❓

Jesus
com Lázaro

15

Jo 11,1-57

> Jesus lhe disse: 'Eu sou a ressurreição e a vida. Todo aquele que crê em mim, mesmo se morrer, viverá; e todo o que vive e crê em mim não morrerá para sempre. Crês nisso?'
> Ela respondeu: 'Sim, Senhor, creio que és o Messias, o Filho de Deus que devia vir ao mundo'.

O grito de Jesus cheio de amor, ressuscita o seu amigo Lázaro, ressuscita também a cada um de nós. O grito de Jesus é libertador e não suporta a morte, mas é cheio de vida. Diante do grito de Jesus não podemos esquecer, que toda a vida pouco a pouco vai se direcionando a ele, tudo vai ressuscitando pouco a pouco.

Jesus é aquele que dá a vida, toma a vida e é o dono da vida. A sua ação é vida. Chama-nos atenção o fato de ser um milagre que devolve a vida.

A voz forte de Jesus gritando: "Lázaro, vem para fora!", proferida mesmo sabendo que aquele homem já estava morto há quatro dias – de modo que, segundo relato da sua irmã, já fedia – devolve e resgata Lázaro da morte mais profunda, aquela que já destruía seu corpo.

A voz de Jesus tira do túmulo, das trevas e da morte, resgata a vida de Lázaro e ele, ao ouvir a voz de Jesus, sai, vai para fora, ainda com as suas faixas.

Recriando a cena...

Veja como participar dela
de uma forma profunda.
Sintamos o grito de Jesus
chamando o seu amigo à vida.
Deixemos que este grito afete todas
as realidades de mortes em nossa vida.
Imaginemos tudo o que era
morte em Lázaro ressuscitando.
Imaginemos o sofrimento das suas
irmãs Marta e Maria, e o sofrimento
de Jesus, pois ele chorou.

Há muito afeto neste relato bíblico, Jesus se revela profundamente humano, chora a morte do seu amigo, e ao mesmo tempo, revela a sua divindade, quando se apresenta como a ressurreição e a vida.

Quem mais poderia nos recuperar das nossas mortes e dores? Em meio a tanto sofrimento humano, tantas dores e lágrimas, encontramos Jesus, chorando também: suas lágrimas o aproximam da nossa realidade, das nossas mortes e lutos.

Quantos de nós estamos ainda vivendo processos de luto, morte, dor e sofrimento; quantos de nós, caminhamos pela vida ainda com as faixas que um dia nos aprisionaram na morte. As trevas sempre tentam nos trair e cooptar, mas Jesus, não permite. Com sua atitude, Jesus revela que quem se coloca em seu seguimento e caminho, mesmo que morra viverá. A morte não terá a última palavra. Quem escuta a sua Palavra desde uma atitude mais profunda não conhecerá a morte. Ele é a vida eterna, a sua amizade nos liberta do mal e da morte definitiva.

Escutemos hoje Jesus nos chamando para fora dos nossos túmulos, tenhamos a coragem de sair ao som da voz do amigo Jesus e ir ainda mais em direção a ele.

Vemos aqui também o poder da verdadeira amizade, ela dá a vida, ama, cuida e restaura as forças. Jesus não era um homem frio, sem sentimento, mas amava Lázaro e Marta, ele não frustrou os seus amigos "a amizade é mais forte que a morte. Quem amou, nunca vai embora totalmente: neste mundo fica o seu amor, e esse amor possibilita mais vida e mais amor"[1].

A Palavra que sai da boca e da vida de Jesus, nos faz superar todas as realidades e situações difíceis da nossa vida. Ele é a esperança e a segurança de quem está com ele, nunca se perderá nas trevas da morte. Ele é o amigo.

Para interiorizar...

* Quais são as minhas mortes? O que, em minha vida pessoal, resiste à voz de Jesus?
* Quem são os meus amigos verdadeiros? Eles geram vida em mim? Ou me encaminham para a morte?

Para meditar...

* O amor dá a vida e nos tira da morte.
* Ainda que algumas realidades da minha vida estejam mergulhadas na morte, o amor nos ressuscitará.

---

[1] D'Ors. P., op. cit., 237 (tradução nossa).

> "Antes de ir ao sepulcro do amigo Lázaro, Jesus diz à irmã dele, Marta: 'Eu sou a ressurreição e a vida. Crês nisso?'"
>
> **Frei Raniero Cantalamessa**
> O Verbo se fez Carne
> São Paulo, Ave-Maria, 1977, 65.

Revisão da oração

1 O que eu **rezei** nestes textos?

_____
_____
_____
_____
_____
_____

2 O que eu **senti** na minha oração?

_____
_____
_____
_____
_____
_____

3 O que **Deus me mostra** hoje para a minha vida?

_____
_____
_____
_____
_____
_____
_____

QUAL A PALAVRA PARA O SEU DIA HOJE?

Jesus
com Pilatos

16

Lc 23,1-7

> *Pilatos o interrogou: 'És o rei dos judeus?'.*
> *Jesus respondeu: 'É o que afirmas'.*
> *Pilatos falou aos sacerdotes-chefes e à multidão:*
> *'Não acho culpa alguma neste homem'.*

Jesus recebe acusações de ser um agitador contra os poderosos e contra a religião do seu tempo. A sensação é a de que Jesus de verdade não conseguia ser compreendido por todos, sofria consequências pelo seu modo de ser e agir. A bondade sempre vai encontrar resistência, o amor sempre será pisoteado enquanto o mal insistir em ser o dominador do mundo.

A busca do conhecimento interno de Jesus, pode até nos fazer perguntar: o que sentia Jesus em um momento como este? Quando ele é acusado pelo povo de ser um agitador, quando questionam sua origem e sua missão. O poder mundano sempre resistirá à dinâmica do Reino de Deus. Qual é a verdadeira acusação contra Jesus? O que este homem fez para ser acusado de agir em nome de Belzebu, ou mesmo de ser acusado de comilão, de beberrão?

Há sim uma resistência em aceitar a verdadeira agitação que Jesus propôs como sua meta de vida: a revolução do amor e da acolhida, da escuta e da bondade.

A aproximação diária com a Palavra de Jesus, deveria nos levar também à esta mudança em nosso modo de proceder. Não há evangelho e cristianismo sem mudança de vida, sem conversão no modo de proceder e sem adequar a vida ao que Jesus ensinou. Ou entramos em seu caminho, ou correremos o risco de fazer parte do grupo que acusa Jesus.

Recriando a cena...

Adentramos no mundo de Jesus,
em um ambiente de perseguição,
mentiras e sofrimento.
Imaginemos esta cena com indignação
e observando como "armaram" para Jesus.
A mentira se transforma em verdade
quando o acusado é Jesus.
Diante das perguntas feitas a Jesus,
observemos a dor nas suas respostas,
ele já sentia o peso da traição.

A pergunta feita a Jesus sobre a sua identidade reverbera até hoje em nós: "És Tu o Rei dos Judeus?". E Jesus responde: "É o que dizes".

Diante desta afirmação, Pilatos simplesmente libera Jesus e afirma que não encontra culpa alguma nele. Depois de algumas outras acusações, Pilatos envia Jesus a Herodes.

Parece que é mais fácil transferir as nossas decisões para os outros.

Como é difícil tomar decisão, mesmo quando sentimos que a verdade nos tocou.

Mas, para manter a decisão tomada, é preciso caráter, ousadia e profecia. Sempre será mais fácil ir com os demais em direção da multidão. A nossa amizade com Jesus, precisa nos conduzir ao enfrentamento do mal e da estrutura construída pelo mal.

Não podemos transferir aos outros os nossos problemas, as nossas crises e as nossas demandas, não devemos terceirizar as nossas decisões. Jesus mansamente vai sofrendo as suas acusações e consequências sem mudar nada, sem acusar ninguém, sem utilizar de violência, nem de mágica, sinais ou milagres, apenas se deixa conduzir. Quem é da verdade, a verdade o libertará. Jesus apenas está vivendo o seu próprio Evangelho, tudo o que ele ensinou, agora está sendo colocado em prática em nome da verdade. Contemplemos os sentimentos de Cristo.

Sintamos o que ele estava sentindo neste momento. Não romantizemos os sofrimentos do Salvador. Assumamos as suas dores e olhemos para os nossos sofrimentos diários e para as nossas cruzes. A libertação só acontecerá quando formos capazes de viver as bem-aventuranças na prática.

Para interiorizar...

- Tenho compreendido o modo de proceder de Jesus?
- Como acolho as acusações contra Jesus? Busco sentir o que ele sente?

Para meditar...

- Jesus é a plena aplicação das Bem-aventuranças. Ele é livre e profeta.
- Assumir a nossa identidade nos coloca no caminho do Senhor e da sua Paixão.

> *"Certamente Jesus não pensa numa sublevação contra Roma, mas a sua atuação é perigosa. Por onde passa, ele acende a esperança dos despossuídos com uma paixão desconhecida... Sua palavra é fogo!"*
>
> **José Antonio Pagola**
> *Jesus: aproximação histórica*
> Petrópolis, Vozes, 2011, 412.

Revisão da oração

1 O que eu **rezei** nestes textos?

---

2 O que eu **senti** na minha oração?

---

3 O que **Deus me mostra** hoje para a minha vida?

QUAL A PALAVRA PARA O SEU DIA HOJE?

Jesus
com Herodes

17
Lc 23,8-12

> *Herodes ficou muito contente por ver Jesus, porque desde muito tempo desejava conhecê-lo pessoalmente, pois tinha ouvido falar a seu respeito e esperava presenciar algum milagre feito por ele. Perguntou-lhe muita coisa; mas Jesus não respondeu nada.*

Depois das acusações ainda quando Jesus esteve com Pilatos, Jesus agora sofre as acusações dos homens letrados: acusam Jesus diante de Herodes que tinha curiosidade em conhecer Jesus. Herodes já sabia da fama dele, e se alegrou em vê-lo, fez até muitas perguntas, mas Jesus ficou em silêncio. Jesus conhece profundamente a cada pessoa, Jesus sentia que estava em uma armadilha, e ao mesmo tempo, rodeado por pessoas que não queriam de fato estar com ele, mas que carregavam uma mistura de sentimentos para com Jesus, entre curiosidade, resistência, medo e desejo de matá-lo.

Recriando a cena...

Vamos continuar no ambiente
da traição e Paixão de Jesus.
Ele sofre as consequências
das suas escolhas,
ele viveu a verdade e da verdade.
Busquemos imaginar
o que se passava dentro de Jesus,
em seus sentimentos e,

ao mesmo tempo,
como se sentia Herodes, que tinha
curiosidade de conhecer Jesus.
O ambiente é pesado. Silenciemos.

O silêncio de Jesus revelava que a verdade não pode ser negociada, que a sua palavra não poderia ser jogada aos porcos, pois sabia que aquele jogo político e religioso, não o levaria a outro lugar senão à morte. Não estaria já sentindo as dores da Paixão? A traição e abandono dos seus, a dor da incompreensão, as acusações falsas, manipuladas, não estariam já ferindo Jesus desde dentro? Fiquemos um pouco com Jesus neste momento de silêncio e dor. Um momento de apreensão por ir sentindo e percebendo como o mal vai se articulando. Jesus é prisioneiro, julgado por crimes que não cometeu, condenado por homens que não têm porte e estatura para julgar o Filho de Deus, pois a sua vida inteira ele foi apenas amor. Até quando o amor deve ser julgado? Até quando o bem, será enfrentado e ferido por pessoas que carregam dentro de si apenas o desejo de poder, fama e glória mundana?

A dor de Jesus é fruto do desprezo e da humilhação que passava aquele jovem galileu. A decisão de Herodes era a de humilhar ainda mais aquele que não se rendeu aos seus encantos de poderoso, aquele que não conseguiu dobrar Jesus com o seu feitiço que brotava do poder. É típico de quem senta em tronos não aceitar ser questionado e de certa forma enfrentado. Os poderosos sentem prazer em humilhar e destruir a identidade daqueles que os enfrentam. Jesus é vestido como rei, e o devolvem a Pilatos.

Vejamos como a força da morte ela é arquitetada pelos poderosos sem escrúpulos, sem julgamento digno. Acompanhemos Jesus neste momento de dor. Ele opta pelo caminho do cordeiro imolado e não do vencedor vingativo aos olhos do mundo.

Este encontro com Jesus e o modo como ele se manifesta através do seu silêncio, tem muito o que nos revelar. Continuemos seguindo Jesus, olhando para ele. Deixemo-nos afetar pelo modo de Jesus enfrentar os seus opositores. Que a sua dor, possa ser também a nossa dor.

Para interiorizar...

✳ Qual a minha decisão nos momentos em que eu me sinto julgado?

✳ O que tenho feito por Cristo? Tenho buscado a verdade acima de tudo, inclusive chegando a defendê-la com o silêncio e a vida?

Para meditar...

✳ Os poderosos e seus tronos por vezes geram morte e humilhação.

✳ De que lado da história eu me encontro? Dos poderosos ou dos humilhados?

> *Imaginando, diante de mim, Cristo nosso Senhor, crucificado, farei um colóquio [...]. Olhando depois para mim mesmo, perguntar-me-ei o que fiz por Cristo, o que faço por Cristo e o que devo fazer por Cristo."*
>
> **Santo Inácio de Loyola**
> *Exercícios Espirituais*
> São Paulo, Loyola, 2015, n. 53.

Revisão da oração

1 O que eu **rezei** nestes textos?

_____
_____
_____
_____
_____
_____

2 O que eu **senti** na minha oração?

_____
_____
_____
_____
_____
_____

3 O que **Deus me mostra** hoje para a minha vida?

_____
_____
_____
_____
_____
_____

QUAL A **PALAVRA** PARA O SEU DIA **HOJE?**

Jesus
e o cego de Jericó

Lc 18,35-43

'Que queres que te faça?'.
Ele respondeu: 'Senhor, que eu veja de novo!'.
Jesus então disse: 'Vê, tua fé te salvou'.
No mesmo instante recuperou a vista
e seguia a Jesus, glorificando a Deus."

Olhemos mais uma vez para nós mesmos. Não seríamos nós, todos nós estes cegos? Quanta cegueira e fechamento, quanta obtusidade em nosso modo de viver e ser. Quantas vezes não somos capazes de enxergar o que está diante de nós em profundidade. Buscamos respostas e caminhos, mas não somos capazes de ver e compreender os nossos processos. Por isso, nem sempre enfrentamos as nossas crises e momentos de sofrimento com respostas profundas, pois não estamos acostumados a enfrentar os nossos problemas em profundidade. Fugimos dos problemas, nos escondemos.

Recriando a cena...

Hoje, veremos um homem
que passou a vida humilhado,
e quando ele buscou a cura,
tentaram impedi-lo.
Contemplemos essa cena.
Como ele se sentia?
Como Jesus o encontra?
O que conversam?

Como se vestiam?
Qual era o ambiente?
Como me vejo nesta cena?
Como me coloco nela?

A libertação da nossa existência virá quando soubermos enfrentar os nossos problemas e crises, a libertação do nosso olhar acontecerá quando domesticarmos os nossos próprios dragões internamente. Qualquer situação complexa em nossa vida, será libertada quando percebermos que Deus é o Senhor de tudo.

Nos prendemos ao mundo com olhos e dentes e não percebemos que a nossa libertação está no Senhor que fez o céu e a terra.

Quantas vezes nos fiamos e confiamos nosso olhar e nossa vida de modo artificial, preferimos "maquiar" a nossa história e a nossa vida. Preferimos até o vício de comprar, consumir, ter... e com a internet e redes sociais, muitas vezes o olhar que temos da vida é apenas o olhar manipulado pelas mídias sociais. Isso nos humilha, pois não lemos, não meditamos a palavra e não silenciamos. A vida vai se tornando rasa, e vamos ficando cegos, e se outrora enxergávamos, parece que agora não somos mais capazes de enxergar, estamos como esse cego. Jesus quer nos curar, mas a artificialidade e o consumismo, as maquiagens sobre nós mesmos, e sobre a nossa imagem, vai tirando o brilho da nossa alma, vai destruindo o nosso interior. Vamos nos satisfazendo com o pouco, mas atenção, não nascemos para o pouco, nós nascemos para as coisas do alto, para ver e enxergar a realidade e sabermos tomar as decisões corretas na hora certa. Peçamos o Espírito Santo de Deus sobre nós, não permitamos que qualquer crise tire de nós o brilho e a esperança. A crise é importante, nos fortalece e forma, mas se vivemos de modo raso, não teremos condições de libertação e maturidade. Oxalá, possamos encontrar em Jesus a luz, a salvação e a esperanças, pois ele nos tira das trevas, nos tira do medo, da atrofia, e nos põe a caminho, o seu Espírito trabalha em nós, até a que a noite vá terminando, que a escuridão vá passando e que a luz volte ao nosso olhar. Quantas vezes mergulhamos na noite, na tristeza e no desencanto, mas o Senhor é a nossa luz. Nenhuma cegueira poderá nos tirar do caminho da verdadeira luz. É necessário ter a coragem de gritar fortemente "Jesus Filho de Davi, tem piedade de mim!", só assim, teremos condições de compreender o nosso lugar no mundo. Com coragem e ousadia, gritemos: não nos calemos, pois ele está no meio de nós. Coragem. É preciso recuperar a visão sobre nós mesmos e sobre o próprio Cristo. Recuperemos a visão.

Para interiorizar...

✴ O que me impede de gritar a Jesus?

✴ O que quer me manter na cegueira?

Para meditar...

✴ A libertação é Jesus, ele nos liberta de nós mesmos.

✴ A Luz de Cristo liberta o mundo das trevas do medo.

> Onde está quem pode abrir nossos olhos?
> Ignoramos que O temos dentro, muito perto."
>
> **Pablo d'Ors**
> Op. cit., 275 (tradução nossa).

Revisão da oração

1 O que eu **rezei** nestes textos?

2 O que eu **senti** na minha oração?

3 O que **Deus me mostra** hoje para a minha vida?

QUAL A **PALAVRA** PARA O SEU DIA **HOJE?**

Jesus
com o paralítico em Cafarnaum

19

Mc 2,1-12

> Chegaram então algumas pessoas trazendo um paralítico, que vinha carregado por quatro homens. Como não podiam levá-lo até ele, por causa da multidão, abriram o terraço em cima do lugar onde Jesus estava, e, alargando a abertura, desceram o leito em que estava o paralítico. Jesus, vendo a fé que os animava, disse ao paralítico: "Meu filho, os teus pecados estão perdoados."

Nunca vimos uma coisa assim, Jesus continua passando de vida em vida, de coração em coração, anunciando a Boa notícia, o evangelho de salvação. Desde cedo na comunidade fazemos a experiência de pertencer a Deus, ser dele.

Recriando a cena...

Perceber o sofrimento deste
pobre homem, mas ao mesmo tempo,
ver a criatividade e colaboração
daqueles que trouxeram
o paralítico até Jesus.
Entraram pelo teto, pois havia muita gente.
Olhemos esta cena com delicadeza.
Busquemos escutar o que dizem
e o que sentem diante deste fato.
A cura e a vida nova deste homem.
Como ele sai dali?
Como é agora a sua vida?

Mas muitas vezes estamos parados, adoentados, sem horizonte e sem criatividade e sem noção. Papa Francisco tantas vezes tem nos dito que é preciso que saiamos da doença que nos paralisa e que nos mantém em uma pastoral de manutenção. Manter o que já está aí sem criatividade e sem ousadia. O Papa Francisco revela assim o perigo de mantermos uma fé enrijecida e não firme. É preciso que entendamos a forma como Jesus age. Ele cura, salva e liberta, ele perdoa os pecados, mas ele ainda escandaliza a muitos. A forma como Jesus trabalha e ama, o modo como ele cuida, como é empático, escandaliza ainda hoje. Mas há muitos profetas nos dias atuais, nos fazendo colocar o coração no que fazemos, para que ajudemos as pessoas por inteiro sem interesse, de modo livre. Francisco transforma o evangelho em prática, nos desperta do marasmo, da repetição e do desânimo, ele nos aponta o evangelho sem medo. Quem experimenta Jesus, vive a plenitude, mas quem ainda não, fica escandalizado. Coloquemos a nossa vida diante de Jesus, creiamos nele e permitamos que a sua palavra nos salve de nós mesmos e das nossas armadilhas. Que o seu amor nos cure, que a sua misericórdia nos afete.

Há tanta atrofia em nós. Como podemos seguir Jesus se não temos pés e pernas libertas para nos colocar no caminho da missão e da caridade? É preciso esta aproximação da pessoa de Jesus, assim, brotará do nosso mais profundo um agente da misericórdia.

Quando vemos neste evangelho de hoje, quanta dificuldade, quantos empecilhos para a salvação acontecer... Mas a vivência da fé em comunidade nos ajuda. Mesmo que seja preciso fazer entrar pelo teto da casa onde estava Jesus. Sim, é preciso ousadia, mesmo que escandalize. A Igreja não pode ficar mantendo um modo de evangelização ainda pautado pelo passado. Nos dias atuais, precisaremos da coragem profética para levar todos para perto de Jesus, desde que seja na liberdade, pois sempre haverá espaço. Às vezes são pessoas, situações ou acontecimentos que nos impedem de chegar, mas muitas vezes surgem pessoas amigas que nos levam até Jesus, mesmo que isso exija do amigo, amiga, um certo nível de dificuldade como abrir um teto e fazer descer uma cama com um enfermo. Nunca haverá seguimento de Jesus sem dificuldade e sem decisões. É preciso este conhecer a Jesus para que as nossas decisões estejam à altura dele.

Para interiorizar...

- O que me impede de uma maior aproximação com a pessoa de Jesus?
- Tenho consciência de que posso ser de ajuda na aproximação de outras pessoas à Jesus?

Para meditar...

- Nenhuma dificuldade será motivo para que eu não experimente a Jesus.
- Ele sempre está disponível. No seguimento é preciso ousadia, coragem e profecia.

> "Era a força da caridade, que é a dinâmica principal da vida cristã, irrompendo no mundo nas palavras e gestos de Jesus, colocando o poder dele a serviço do bem das pessoas."
>
> **Ronaldo Colavecchio, SJ**
> *Na amizade de Jesus a partir da Amazônia – Uma espiritualidade Sinótica*
> São Paulo, Loyola, 2022, 35.

Revisão da oração

1 O que eu **rezei** nestes textos?

_____
_____
_____
_____
_____
_____
_____

2 O que eu **senti** na minha oração?

_____
_____
_____
_____
_____
_____
_____

3 O que **Deus me mostra** hoje para a minha vida?

_____
_____
_____
_____
_____
_____
_____

QUAL A **PALAVRA** PARA O SEU DIA **HOJE?** ❓

Jesus
encontra Mateus

20

Mt 9,9-13

> Mas Jesus os ouviu e disse:
> 'Não são as pessoas de saúde que
> precisam de médico, mas os doentes.
> Ide aprender o que significa:
> Prefiro a misericórdia ao sacrifício (Os 6,6).
> Em verdade, não vim chamar os justos,
> mas os pecadores'.

O encontro com Jesus continua surtindo efeito, porém isso escandaliza os seus adversários. Jesus senta à mesa com os pecadores e isso gera estranheza no coração de muitos.

Recriando a cena...

Vemos Jesus quebrando paradigmas.
Vejamos o encontro especial
de Jesus e Mateus.
O que falam e fazem?
Como o olhar de Jesus impacta Mateus?
Escutar a voz de Jesus chamando Mateus:
"Segue-me".
Ouvir a resposta dele.
Logo Jesus vai à casa de Mateus
e senta à mesa com pecadores.
Quem são eles?
Este encontro acontece depois
da resposta de Mateus.

Parece que este texto é bastante atual. Não é assim até hoje? Quando alguém como um padre, consagrado ou consagrada, ou mesmo o Papa, dá atenção aos pobres e pecadores, não sofre ele calúnias? Tudo para fazer com que sejamos convencidos de que os pobres não valem a pena. Muitas vezes tentam fazer com que o evangelho não seja o evangelho de Cristo. Adocicam e enfraquecem tanto na pregação e como na vivência o que é mais radical no evangelho: o serviço e a caridade. Sempre houve essa tentação de pureza exagerada, a tentativa de separação entre "nós" e "eles". Ou seja, nós somos melhores, mais santos, mas vocês não. Jesus com o seu modo de viver, de certa forma revela que havia algo estranho e equivocado no modo de viver a fé naquele tempo. Havia algo errado: como não caberiam os pecadores e os pobres na pregação do evangelho? Por qual motivo queremos muitas vezes nos fechar em pequenos grupos que se sentem especiais? O evangelho não seria um dom e um presente para toda a humanidade?

Será que se nós, cristãos, se fôssemos mais corajosos, mais atentos e fiéis ao evangelho e ao modo de ser de Cristo, não teríamos mais pessoas interessadas em seguir Jesus? Por qual motivo a imagem da Igreja e da religião em geral, estão tão desgastadas? Não seria pelo excesso de auto centralidade, quando esquecemos do humano, do irmão e da irmã? Hoje, Jesus convida Mateus a uma vida nova, curando o seu passado, libertando-o dos seus passos, convidando-o para esta vida nova. A presença de Jesus é a que causa mudança, *metanóia*, conversão. Ao perceber que nossa vida vai em direção ao equívoco, ele nos convida, pecadores, a tomarmos um caminho novo. Jesus quer anunciar o evangelho e conta conosco, por isso o convite hoje é para todos nós. Mas fiquemos atentos: para irmos ao encontro com Cristo, este não pode passar desapercebido. Precisamos sair do comodismo e assim anunciaremos com alegria o evangelho que será libertação para todos. Sem medo de críticas, sem medo do "achismo", precisamos ir em direção ao evangelho da vida, que gera alegria e esperança para todos. Apresentar o caminho do Cristo, sem deixar ninguém de fora.

O encontro de Jesus com Mateus, gera uma oportunidade de olhar para o passado, e abrir-se a um futuro que é o Reino de Cristo. Não é o dinheiro, ganhado com tramoias e corrupção que trará a alegria, mas a vida entregue a serviço de Cristo. Por isso, vendo Jesus os dons e capacidade de Mateus, o traz para o seu grupo, Jesus vê no mais profundo, enquanto nós, ficamos preso no pecado das pessoas, Jesus vai além, já olha para cada um de nós como seres ressuscitados, curados e libertos. Sim, é o olhar de Cristo sobre nós que nos fará olhar também para o mundo de um modo diferente, um olhar que é salvação. Nenhuma dimensão da vida de Mateus ficou fora, depois daquele encontro de salvação. Assim será conosco. Ele está em nosso meio.

Para interiorizar...

- Tenho estado atento ao chamado de Cristo?
- Cabe em mim o Senhor, com seu projeto de amor, cura e conversão?

Para meditar...

- Ninguém está perdido, o olhar de Cristo é salvífico.
- É preciso que abramos nossa existência à sua presença.

> A pessoa que encontrou seu lugar na vida e que faz aquilo para que foi criada, de uma ou de outra maneira conhecerá sempre a alegria. Os cristãos creem que a pessoa humana é feita para viver na alegria."
>
> **Nikolaas Sintobin, SJ**
> *Aprender a discernir*
> *— Na escola de Santo Inácio de Loyola*
> São Paulo, Loyola, 2022, 37.

Revisão da oração

1 O que eu **rezei** nestes textos?

2 O que eu **senti** na minha oração?

3 O que **Deus me mostra** hoje para a minha vida?

QUAL A **PALAVRA** PARA O SEU DIA **HOJE?**

Jesus
com a pecadora pública

21

Jo 8,1-11

> Jesus levantou-se e lhe disse:
> 'Mulher, onde estão os que te acusavam?
> Ninguém te condenou?'.
> Ela respondeu: 'Ninguém, Senhor'.
> Jesus concluiu: 'Pois nem eu te condeno.
> Vai e de agora em diante não tornes a pecar'.

A marca do pecado hoje humilha uma mulher. Conhecida como a pecadora pública, ela diante de vários homens é acusada de adultério. Estávamos diante de uma sociedade patriarcal, na qual a mulher não tinha valor. O pecado dos homens era ignorado, mesmo sabendo que neste caso específico do evangelho citado, a mulher não pecaria sozinha. Mas a culpa e o peso, recaía sobre a mulher. Jesus com o seu olhar profundo tira o foco da mulher humilhada e aponta para o sistema religioso e social, contaminado pela injustiça.

Recriando a cena...

Olhemos para o chão e
para as palavras escritas de Jesus,
imaginando quais seriam estas palavras.
Contemplemos também
as pedras nas mãos
daqueles homens e os
seus corações de pedra também.
A mulher caída no chão,
humilhada, sofrida.

*Imaginemos o olhar de Jesus
sobre aquela mulher.
Imagine e entre neste ambiente.
Sinta o cheiro, a dor, o sofrer.*

Quando tiramos o véu que encobre a mentira e sustenta a estrutura de morte, vamos percebendo o coração de Jesus. Ele é compassivo, acolhedor, Jesus tem o coração de Deus que não suporta a injustiça. Jesus sofre com a dor e humilhação daquela mulher, ao testemunhar a ação pública que culpava e condenava aquela mulher sem misericórdia e sem compaixão.

Coloquemo-nos no lugar desta mulher, vejamos o quanto é fácil culpabilizar e destruir uma pessoa a partir dos nossos conceitos ou mesmo a partir das nossas visões fechadas.

Muitas vezes vivemos as nossas dores e sofrimentos em nosso íntimo, mas quando as dores e pecados dos outros se tornam públicos, muitas vezes não somos misericordiosos, nos falta a bondade e a capacidade de perdoar, sem olhar a quem. A atitude de Jesus salva aquela mulher e nos salva dos nossos esquemas cheios de pecados. É preciso desmascará-los, para isto, é preciso que nos coloquemos no lugar das pessoas que sofrem.

Apenas o conhecimento interno dos pecados e aborrecimento deles, nos ajudarão a olhar para nossa vida pessoal e detectarmos as nossas fragilidades. Assim, poderemos perceber aquela parte que em mim ainda não foi convertida.

Para interiorizar...

- O que em mim precisa ser evangelizado?
- Quais as ilusões que o pecado gera em mim?

Para meditar...

- Jesus nunca nos abandona na hora da injustiça. Sempre há espaço para o perdão, independente do nosso pecado.

> Finalmente, 'permaneceram ali a mulher e Jesus: a miséria e a misericórdia, uma diante da outra. Quantas vezes isso nos acontece, quando nos detemos diante do confessionário'."

Papa Francisco
Angelus do dia 13 mar. 2016
Disponível em: <www.acidigital.com/noticias/papa-no-angelus-todos-somos-como-aquela-mulher-adultera-ante-deus-ele-nos-salva-e-quer-nossa-conversao-14104>. Acesso em 20 jun. 2023.

> Uma experiência profunda de amor, seja de Deus, seja de uma pessoa humana, pode curar rápida ou lentamente, conforme o caso. Isto explica porque o sentir-ferido traz sempre a impressão de não ser amado."

Oscar Muller, SJ
O primado da caridade
São Leopoldo, UNISINOS, 1984, 65.

Revisão da oração

1 O que eu **rezei** nestes textos?

2 O que eu **senti** na minha oração?

3 O que **Deus me mostra** hoje para a minha vida?

QUAL A **PALAVRA** PARA O SEU DIA **HOJE?**

Jesus
expulsa o demônio

22
Mc 5,1-20

> *Várias pessoas foram ver o que tinha acontecido. E chegando perto de Jesus, viram o possesso sentado, vestido e bom de juízo: aquele mesmo que a Legião tinha possuído. Ficaram cheios de medo.*

O encontro de Jesus promove libertação e vida.

Olhando para a vida particular, precisamos nomear o que em minha vida precisa ser libertado da morte e das trevas do pecado? A presença de Jesus tem esta função, nos tirar das trevas. Ele é presença que salva e que impulsiona ao serviço, sem atrofias. Nele sentimos que está a nossa cura e salvação. Nada pode nos atormentar, somos de Cristo. Por isso, acolhê-lo para não cairmos na tentação dos males que aparecem em nossa vida. O que em mim é fragilidade e insegurança? Preciso identificar. Quais demônios nos visitam? Quais forças nos afetam? A proximidade da pessoa de Jesus nos impulsiona à vida plena, sem entraves.

Recriando a cena...

*Imaginemos o isolamento
deste homem possesso,
a sua dor e a humilhação que sentia.
Ele vivia entre os túmulos, gritando...
O diálogo dele com Jesus
Entremos na cena, testemunhemos
a cura de Jesus na vida deste homem,*

e vejamos ele voltando para casa, testemunhando e contando tudo aos seus familiares.

Em alguns dias, parecemos meio travados, agarrados à cama, sem forças para nos levantar, sem ânimo para trabalhar e para viver, pelo fato de estarmos meio mortos, pura fragilidade, frieza, tibieza e fraqueza. Com certeza este espírito de fracasso, afeta a nossa oração e a qualidade da vida cristã. O endemoniado que vivia entre as sepulturas vivia uma vida humilhada, travada, solitária e nas sombras dos túmulos. Uma visão aterradora. Mas tudo muda quando ele enxerga Jesus ao longe, ele vai ao encontro do Senhor em direção à libertação dos seus grilhões. Um homem que vivia entre túmulos e golpeava-se com pedras encontra em Jesus a sua vida nova, talvez não tenha condições de perceber tudo, mas ali estava a salvação, a libertação.

O processo foi iniciado quando ele avista Jesus, temos aí um diálogo ou uma "batalha" entre o mal que persiste e a libertação que se avizinha. Há experiências em nossas vidas que nos prendem ao passado, ou à dor. Relutamos em acolher as mudanças e a libertação: "não me atormente", dizia o endemoniado. O poder salvador da presença de Jesus que é o libertador da história, expulsa daquele homem uma legião, libertando-o de tudo o que o humilhava e diminuía, de tudo o que o deixava longe da convivência social e da família e amigos. O poder libertador de Jesus é sim salvador, a sua Palavra e a sua ordem faz a mudança acontecer.

Lembremos que tudo é fruto de um processo de encontro de duas vontades, uma tolamente liberta e plena, a outra corrompida e afetada pelo mal que mata.

Diante de Jesus, apresentemos tudo o que nos tira do caminho, nos põem isolados, afastados da vida, da sociedade e da convivência. Os vários "espíritos" que nos habitam possuem muito poder sobre a nossa vontade, se não formos maduros para entender o quanto aquele que tudo pode, que está ao nosso lado, nos quer livres. O encontro da nossa vontade corrompida com a vontade de Cristo nos salva de nós mesmos, nos põem de pé e, uma vez livres, sem vícios e sem o cheiro da morte.

Para interiorizar...

✸ Quais espíritos me visitam em meus momentos de isolamento e feridas?

✸ Quais as minhas resistências diante de Jesus?

Para meditar...

✸ A libertação está sempre diante dos meus olhos, basta que eu me lance em sua direção.

✸ Nada impede a salvação que vem de Cristo Jesus.

> Só descobrindo o que há de Deus em nós, poderemos nos despertar para a nossa verdadeira identidade. Todos somos santos, porque nosso verdadeiro ser é o que há de Deus em nós, poderemos nos despertar para a nossa verdadeira identidade."
>
> **Adroaldo Palaoro, SJ**
> *Inácio de Loyola – Santo dos "tempos novos"*
> Revista Itaici 125, 2022, 9.

Revisão da oração

1 O que eu **rezei** nestes textos?
_____
_____
_____
_____
_____
_____
_____

2 O que eu **senti** na minha oração?
_____
_____
_____
_____
_____
_____
_____

3 O que **Deus me mostra** hoje para a minha vida?
_____
_____
_____
_____
_____
_____
_____
_____

QUAL A **PALAVRA** PARA O SEU DIA **HOJE?**

Jesus
aparece a Tomé

23
Jo 20,24-31

> Jesus entrou, estando as portas fechadas,
> pôs-se no meio deles e os cumprimentou:
> 'A paz esteja convosco!'.
> Depois, disse a Tomé: 'Mete aqui teu dedo
> e olha minhas mãos; levanta tua mão,
> mete-a no meu lado e crê, e não sejas mais incrédulo!'.
> Tomé respondeu: 'Meu Senhor e meu Deus!'.
> Jesus lhe disse: 'Porque me viste, Tomé, acreditaste.
> Bem-aventurados os que acreditam sem ter visto!'.

Estamos diante de um dos Evangelhos mais conhecidos da Bíblia: a crise de fé de Tomé. Quando ele quer tocar Jesus, para experimentá-lo. Muitas vezes nós precisamos fazer a nossa experiência de Deus, para que possamos nos convencer daquilo que sentimos. Nem sempre apenas o ouvir falar e o testemunho das outras pessoas nos garantem uma experiência profunda. São dois processos bonitos: o testemunho da comunidade e a experiência pessoal. Eles se completam.

Recriando a cena...

A comunidade está reunida e Jesus aparece
Tomé encontra o Senhor
Participa da sua alegria e ressurreição.
Sinta o clima desta comunidade
e entre, participe, olhe as paredes,
as pessoas, os rostos, os móveis.
Veja como se dá o encontro de Jesus com Tomé.

Mas, hoje, Jesus, sabendo da perturbação desses discípulos que estavam com medo, isolados, quase em quarentena, Jesus chega exorcizando, expulsando, tirando para longe tudo aquilo que não era paz.

Santo Inácio de Loyola já nos garante: só Jesus Cristo pode nos trazer a verdadeira paz. Ou seja, é ele, sim, fonte de paz profunda. É ele, sim, a alegria verdadeira que alguém pode oferecer. Jesus expulsa, desse modo, a angústia do coração daqueles discípulos. E eles se alegram por verem e sentirem que o Senhor está presente. Expulsando o medo, ele expulsa a noite, expulsa a escuridão. Traz de volta a luz. Ou seja, passamos da ausência para a plenitude.

A presença de Cristo se faz perceber através do cotidiano, no dia a dia. Jesus vai se dando, vai se apresentando, vai se mostrando, novamente, aos discípulos e aos Apóstolos. A presença de Jesus se faz plenitude. E é preciso fazer essa passagem para a alegria, saindo das trevas. Para isso, é preciso que sintamos, mergulhemos em Cristo mesmo, na sua Ressurreição e na alegria do Ressuscitado.

Que a alegria do Ressuscitado seja a nossa alegria.

Que a presença do Ressuscitado seja a nossa segurança.

Que as crises de fé, as dúvidas, sirvam para nos animar, para dizer que nem tudo é óbvio.

Que possamos esperar mais do Senhor, rezar mais, para fazer a experiência, em comunidade, como os discípulos, dizendo e afirmando que o Senhor está presente. Mas, ao mesmo tempo, fazermos a experiência pessoal, como Tomé, de sentir que o Senhor está presente. E, assim, possamos também nós proclamar: Eu creio Senhor! És o Filho de Deus! És o Salvador da minha vida. Abre os meus lábios, abre os meus ouvidos, abre a minha vida, para que saia toda tristeza e venha a paz sobre mim. Venha a alegria sobre mim. Venha a esperança sobre mim.

Não nos iludamos: o Senhor, com a sua presença, é quem nos sustenta, quem nos anima. Não deixemos que nada nos tire a paz. Pois é Cristo mesmo, quem hoje vem e nos convida à paz. Sigamos firmes. Que nada tire a nossa paz. Amém!

Para interiorizar...

✱ A presença de Cristo será sempre um desafio para quem tem sentidos bloqueados.

✱ A vida comunitária desperta um olhar e sentir novo.

Para meditar...

✱ Sei olhar a minha vida?

✱ Que tipo de presença de Cristo habita o meu cotidiano?

> *O amor é capaz de entrar na noite da terra e da semente e põe a germinar a estrela que já surge na escuridão. Como ver a colheita na semente? A contemplação nos permite aproximarmos, repousar o olhar, ver, distinguir, discernir e acolher.*
>
> **Benjamin G. Buelta, SJ**
> *Tiempo de crear*
> Bilbao, Sal Terrae, 2009, 54 (tradução nossa).

Revisão da oração

1 O que eu **rezei** nestes textos?
_____
_____
_____
_____
_____
_____
_____

2 O que eu **senti** na minha oração?
_____
_____
_____
_____
_____
_____
_____

3 O que **Deus me mostra** hoje para a minha vida?
_____
_____
_____
_____
_____
_____
_____

QUAL A PALAVRA PARA O SEU DIA HOJE?

Jesus
e a mulher encurvada

24

Lc 13,10-17

*" Lá estava também uma mulher possessa,
havia dezoito anos, de um espírito que a mantinha
doente: andava toda curvada e não podia,
de modo algum levantar a cabeça. Quando Jesus a viu,
chamou-a e lhe disse: 'Mulher, estás livre da tua doença'.
Ele lhe impôs as mãos e, no mesmo instante,
ela se endireitou e começou a glorificar a Deus."*

Jesus hoje revela como a lei existe, como ela é boa e importante, mas mostra também que é o ser humano que deve estar em primeiro lugar e a lei deve servir ao humano. Mas a hipocrisia, muitas vezes, por puro rigorismo, tenta colocar a lei em primeiro lugar. Sempre temos a tendência de trazer a lei e adequá-la para à nossa vontade.

Recriando a cena...

Olhemos o rosto dolorido desta mulher.
Sua vida encurvada, o seu corpo encurvado.
Imaginemos tudo o que pesa em sua vida.
Coloquemo-nos na cena
e sintamos com ela este peso.
Olhemos para Jesus, levantemos a nossa vida.

A cura que Jesus oferece hoje a esta mulher encurvada é a mesma que ele quer oferecer a cada um de nós. Ela está encurvada sobre sua vida, sua história, e sobre o seu limite. Aquela mulher pobre, doente e humilhada, é vítima da lei, que está comprometida com os grandes do mundo e da religião. Muitas vezes utilizamos a religião para abençoar aquilo que deve continuar como sempre. Trazemos dentro de nós muito do farisaísmo: queremos que lei cumpra nossas vontades, sem a necessidade de uma conversão e de misericórdia, sem compaixão e sem empatia. Quando encontramos Jesus no cotidiano é a hora da cura, não podemos despedir a pessoa por causa da lei.

A pobreza daquela mulher e seu encurvamento ficava cada vez mais pesado, principalmente quando a religião dizia que ela deveria continuar assim. Os ensinamentos da lei de Deus são importantes, Jesus nos ensinou que a lei é amar: a Deus sobre todas as coisas e ao irmão como a mim mesmo.

Diante de Jesus, coloquemos tudo aquilo que é necessidade e falta em nós, ele, Jesus, é a plenitude e a lei do amor, cada dia, cada hora é momento de libertação e cura, basta que a nossa percepção seja trabalhada, basta que o sintamos. Convertamos o nosso sentir, transformemos em oportunidade de encontro e salvação.

A libertação está próxima, mas nem sempre a sentimos.

Jesus desmascara a hipocrisia sem rodeios: "hipócritas!".

Diante dos hipócritas Jesus solta, liberta aquela mulher e revela a face de Deus libertador: "mulher, estás livre de tua doença". Agora é a nossa vez! Deixemos que o libertador exerça a sua vocação, ser colo de Deus para a humanidade ferida. Toda a humanidade espera e deseja este reencontro com o Deus criador que acolhe, cria e ama a cada criatura.

Jesus quer endireitar a nossa vida, o seu desejo é que todos nós alcancemos o fim para o qual fomos criados como Santo Inácio nos apresenta no início dos Exercícios Espirituais.

Somos criaturas amadas, criadas e criativas, capazes do louvor, da reverência e do serviço.

A nossa plenitude é trabalhar com Deus, o criador para que toda a humanidade se encontre nele.

Diariamente a nossa orientação deve ser a de retomar o caminho da recriação.

A cada oração, a cada momento de intimidade, a cada momento de meditação, poderemos nos compreender mais e melhor. Apresentemo-nos diante de Jesus, ele sempre está disponível nos colocando em primeiro lugar pois somos de Deus.

Para interiorizar...

- Sinto que sou criatura criativa e que ele conta comigo?
- Busco o Senhor para que ele me liberte das minhas atrofias?

Para meditar...

- A hipocrisia não gera interioridade, mas nos mantém fora de casa.
- O amor nos sustenta e ama.

> "Somente na oração o homem descobre a sua plena dignidade, na qual ele é chamado a estar diante de Deus e a tornar-se um com ele... E, para querer alcançar este fim, deve renunciar a tudo o mais."
>
> **Anselm Grun**
> *A oração como encontro*
> Petrópolis, Vozes, 2012, 67.

Revisão da oração

1 O que eu **rezei** nestes textos?
_____
_____
_____
_____
_____
_____

2 O que eu **senti** na minha oração?
_____
_____
_____
_____
_____
_____

3 O que **Deus me mostra** hoje para a minha vida?
_____
_____
_____
_____
_____
_____

QUAL A **PALAVRA** PARA O SEU DIA **HOJE?**

Jesus e Maria, encontro entre a mãe e o ressuscitado

25

Jo 19,27

> *Eis aí tua mãe!"*
>
> "Como Cristo Nosso Senhor apareceu a Nossa Senhora." (EE 218)
>
> "...Voltado ao sepulcro e ressuscitado, apareceu em corpo e alma à sua bendita Mãe. Considerar em particular as suas diversas partes, o seu quarto, oratório etc." (EE 220)

Por mais que resistamos e sintamos dificuldades em experimentar e nomear a ressurreição em nós, fiquemos atentos às armadilhas que o cotidiano nos apresenta, especialmente diante do novo, da vida nova que nos chega.

Algumas estruturas resistem ao novo, a nossa vida interior velha, resiste à vida nova, assim como em Inácio.

Por este motivo, necessitamos pedir e insistir no pedido da graça de "Alegrar-me e gozar intensamente de tanta glória e gozo de Cristo Nosso Senhor" (EE 221).

Fiquemos atentos aos efeitos da ressurreição em Cristo; observemos os efeitos nos apóstolos — as contemplações da ressurreição querem envolver a cada um de nós nesta nova realidade ressuscitada.

Na bíblia não consta o encontro que iremos rezar hoje, mas, para Santo Inácio, é importante que contemplemos o silêncio de Maria, a sua casa, naquele tempo difícil de luto.

Porém, o foco é olhar Maria como aquela que acolhe a Palavra que se fez carne, aquela que viu a carne do seu Filho ser violentada.

Recriando a cena...

*Imaginemos aquela casa,
o luto de Maria, vejamos o seu rosto.
Como ela se sente,
sabendo que seu filho está morto?
Agora olhemos para o seu filho
chegando, entrando em casa
e abraçando a sua querida mãe.
O abraço de Jesus em sua mãe,
é o abraço na humanidade inteira.
Sintamos esse abraço.
A lágrima de tristeza se transforma
em lágrima de alegria.
Fiquemos com eles,
rezemos este encontro de amor.
Sintamos o cheiro da casa,
vejamos a iluminação, as vestes,
os gestos e olhares, o abraço.*

Lágrimas escorreram em seu rosto cheio de dor, tristeza e insegurança...

Mas, muito silêncio.

Jesus vai à casa de Maria, a sua mãe sofrida. Pela fé, acompanhemos Jesus neste encontro de amor. Nele, as palavras são desnecessárias. Segundo Santo Inácio, a primeira aparição de Jesus só poderia ser à sua querida mãe. Contemplemos este encontro e este abraço.

A vida e a carne de Maria vibram de alegria ao ver o seu Filho vivo.

Aquela que acreditou, que permaneceu firme, nos convida hoje também, a participarmos da sua alegria.

O amor supera toda a dor. A dor de Maria era fruto do amor que ela sentia. Mas a sua dor não chega perto do amor que ela sentia. Ela acreditava na ação de Deus.

Quando olhamos para a nossa vida, em meio a tanta dor, somos convidados e convidadas ao amor. Nada pode nos impedir de experimentar a sua presença ressuscitada.

Para interiorizar...

- Sinto a presença de Jesus na hora da dor?
- Coloco nele a minha esperança, quando tudo fica escuro?

Para meditar...

- Deus não abandona sua Mãe. Ele sempre está com ela.
- É a morte a morrer: Cristo está vivo e nos dá sua presença alegre.

> *O que outrora sentiram: não foi mais doce que qualquer mistério e ao mesmo tempo tão terreno? Quando ele, um pouco pálido ainda do seu túmulo, ligeiro se aproximou, ressuscitado plenamente. Perante ela, em primeiro lugar. Ei-los ali, sem palavras, em plena santificação.*
>
> **Rainer Maria Rilke**
> *Das Marien-Leben*
> (A vida de Maria, trad. Yvette K. Centeno)
> 2017 (posição 262)
> Disponível em: <literaturaearte.blogspot.com/2016/07/rilke-vida-de-maria.html>. Acesso em: 27 jul. 2023.

Revisão da oração

1 O que eu **rezei** nestes textos?
_____
_____
_____
_____
_____
_____

2 O que eu **senti** na minha oração?
_____
_____
_____
_____
_____
_____

3 O que **Deus me mostra** hoje para a minha vida?
_____
_____
_____
_____
_____
_____

QUAL A PALAVRA PARA O SEU DIA HOJE? ❓

II
REZANDO AS MANIFESTAÇÕES DE JESUS

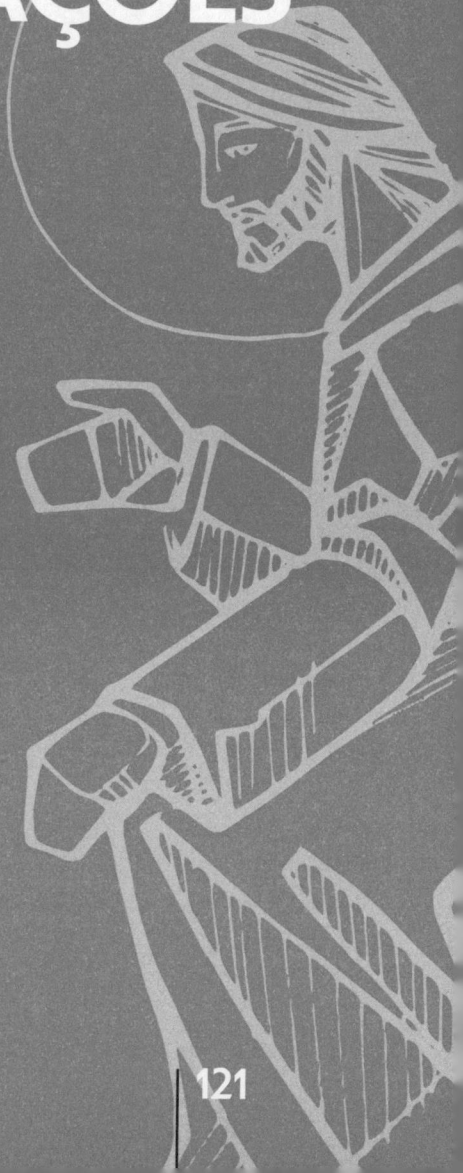

Jesus
nas Bodas de Caná

1
Jo 2,1-11

> Como o vinho estava acabando,
> a mãe de Jesus lhe disse: 'Eles não têm mais vinho'.
> Jesus respondeu: 'Mulher, que relação há
> entre mim e ti? Já não chegou a minha hora?'.
> Sua mãe disse aos serventes:
> 'Fazei tudo que ele vos mandar'.

Maria, tão presente e, ao mesmo tempo, profundamente discreta. A sua confiança em Jesus é capaz de revelar momentos como estes na Bíblia.

Recriando a cena...

Vejamos uma mãe,
com um grande coração,
Convoca o Filho amado
para ajudar naquela situação.
Jesus obedece e
transforma aquela situação.
Observemos todo o movimento
ao redor daquela falta
e da plenitude que é Jesus.
Entremos na cena,
sintamos a alegria naquela festa.

Ela sabe muito bem que na vida não pode faltar o vinho da alegria e, ao mesmo tempo, a confiança em Deus. Deus é mesmo este vinho que alegra, anima e dá o tom da festa à nossa vida, apesar da crise, da falta e, às vezes, da baixa qualidade de vida que chega até nós. Maria, a mãe amável e cuidadora fiel; aquela que não tira o olhar e que acompanha tudo, na discrição, intercede nessa festa. Ela nos leva também a crer que, quem, na festa da vida, tem seu Filho Jesus, nunca estará só e que a alegria permanecerá. Ele age amorosamente. Ele nos surpreende. Ele transforma o pouco em muito. O nada em tudo.

Dom Hélder Câmara, certa vez, disse que não entendia como o povo pobre das comunidades de Recife e Olinda celebrava e cantava a fartura dizendo: "O Senhor é o meu Pastor e nada me faltará". E ele dizia: "Eu olhava para todos os cantos e só via sofrimento e necessidade. Faltava tudo". Vejamos: mesmo em meio à crise, é tempo de rezar, orar, confiar. Mesmo que muitas coisas não mudem em nosso redor, precisamos continuar orando, nos unindo a Cristo.

Mais cedo ou mais tarde ele nos dará o seu Espírito de profecia. E teremos coragem de sair e transformar toda tristeza em alegria, toda guerra em paz, todo ódio em amor, toda vingança em fraternidade. Jesus é esse vinho novo, que veio para alegrar a festa neste tempo que vivemos. Ele veio transformar tudo em nós, mas não sem a nossa participação. Confiemos no Senhor. Tragamos as nossas talhas para que sejam transformadas. E peçamos sempre a intercessão de Maria, santa Mãe amorosa e medianeira de todas as graças.

A quem eu tenho confiado a minha água, para que se transforme em vinho?

Nada está perdido. Tudo é possível. Confiemos no Senhor e peçamos a Maria sempre a sua intercessão amorosa. E, assim, tudo o que em nós precisa ser convertido, pois que se converta. Que aconteça essa mudança, essa transformação.

Deixemo-nos afetar pelo amor de Deus. Que essa palavra transforme a nossa vida. A presença de Cristo sempre será segurança de mudança, de conversão. Quando passamos da água purificação ao vinho da alegria, a glória de Deus é manifestada. A nossa existência visa este fim: manifestar em nossas vidas a bondade de Deus para sempre.

Para interiorizar...

✱ A quem eu tenho convidado para a festa da minha vida?

✱ Quem entrou na vida, na tua vida, na festa da tua existência?

Para meditar...

✱ Todos somos testemunhas da ação e manifestação de Jesus, ele apenas glorifica a Deus com os seus gestos.

✱ Também nós necessitamos estar atentos à sua palavra.

> "Deus se entrega sem reservas a nós. 'Tudo é dom e graça de Deus' (EE 322) que está flutuando de maneira inesgotável d'Ele até nós."
>
> **Benjamin G. Buelta, SJ**
> *Tiempo de crear*
> Bilbao, Sal Terrae, 2009, 110 (tradução nossa).

Revisão da oração

1 O que eu **rezei** nestes textos?

_____
_____
_____
_____
_____
_____
_____

2 O que eu **senti** na minha oração?

_____
_____
_____
_____
_____
_____
_____

3 O que **Deus me mostra** hoje para a minha vida?

_____
_____
_____
_____
_____
_____
_____

QUAL A PALAVRA PARA O SEU DIA HOJE?

Jesus
no Templo

2
Jo 2,13-22

> *'Que sinal nos apresentas para agir assim?'.
> Jesus respondeu: 'Destruí este templo e em três dias
> eu o construirei de novo'.*

Edificar a Igreja significa cuidar. Cuidar do Corpo de Cristo. Acolher o evangelho, os ensinamentos de Cristo. E, assim, aprender a amar a Igreja. O melhor louvor, a melhor forma de cuidar da Igreja, é edificar o corpo. Como faremos isso? Quando acolhemos o evangelho e vivemos o evangelho. A Igreja edificada significa uma Igreja forte, uma Igreja que crê, uma Igreja que testemunha o evangelho. A Palavra de Cristo deve ter efeito, força e vigor em nossa vida. A Palavra de Cristo deve ser aquela que desbloqueia todas as dimensões da nossa vida que estão bloqueadas, fechadas, desarticuladas.

Recriando a cena...

*Imaginemos o rosto de Jesus,
o seu descontentamento.
Peçamos a graça
de sentir o que Cristo
está sentindo neste momento.
Ele vê o uso equivocado do templo,
casa do seu Pai.
Jesus toma a decisão
de expulsar a todos,
purificando aquele local.*

Participe, entre, sinta.
Fique com Jesus e escute o que ele diz.
O que dizem sobre a atitude de Jesus?
Escute.

É preciso que olhemos para a Igreja como um todo, até mesmo para suas desordens, seus pecados, seus limites. Mas, não devemos nunca nos esquecer que o pecado da Igreja é também nosso pecado. Porque nós somos a Igreja. Os limites da Igreja de Cristo, são os nossos limites. Pois, nós somos batizados e somos os membros vivos da Igreja. Não há Igreja sem o seu povo. Hoje o convite é para que cuidemos da Igreja. Cuidar da Igreja significa libertar a Igreja de todo tipo de interesse equivocado. Quando eventualmente manipulamos o evangelho, o altar, a pregação, estamos manipulando a Igreja, transformamos a Casa de Deus, em lugar de mercado. O evangelho que recebemos é gratuito, é dom.

Tudo o que estava como excesso naquele templo, tudo o que tirava o foco, ou colocava fumaça diante da imagem de Deus foi expulso por Jesus. A fidelidade a Deus pede também fidelidade a um modo de orar. O templo é lugar de encontro e da manifestação de Deus, mas quando isso não está claro, o acento cairá sobre homens, mulheres, coisas e vaidades.

O templo é lugar da manifestação do Deus da vida, e da nossa salvação que é dom, é grátis. Não é mérito nosso, não é esforço nosso, mas é dom e graça de Deus. Por isso, tiremos das nossas vidas aquilo que faz sombra ao Senhor. Sempre há algo que deve ser tirado, purificado, ordenado.

Deixemos que o evangelho nos afete. Deixemos que a vida de Cristo seja, para nós, parâmetro. Seja para nós modelo. Seja para nós sustento.

Atenção: é preciso que tenhamos a coragem de abrir as portas do nosso coração, da nossa existência, para a vivência do evangelho. Sem o impacto do evangelho em nossa vida, no cotidiano, o que seremos a não ser anunciadores de regras, de normas, de ritos? Peçamos o Espírito sobre nós para que construamos a Igreja, edifiquemos a Igreja, a partir de Cristo, como nos lembra o Documento de Aparecida. Cristo deve ser o centro. E a Igreja deve ser edificada a partir dele. A vida cristã deve ser edificada a partir dele. Não de interesses pessoais, egoísticos, de grupos, movimentos e ideologias. A religião de Cristo deve ter a sua força no anúncio do evangelho. É viver o evangelho. Rezemos, hoje, por todos os ministros, pastoralistas, consagrados, homens e mulheres que vivem e edificam a Igreja de Cristo, testemunhando o seu amor.

Para interiorizar...

* Com o está a minha relação com Deus?
* Quais são os "penduricalhos" na minha vida que às vezes me impedem de ser como ele deseja?

Para meditar...

* Eu sou templo onde Deus habita.
* Ele sempre agirá para que a sua morada seja limpa e ordenada.

> "Assim, encontrar-se a si mesmo significa ter ideia daquela única palavra de Deus em mim. Deus já falou através de minha existência, pronunciou sua palavra em mim. Rezar, enquanto um modo de encontrar a si mesmo, significa encontrar Deus no seu mistério mais profundo, aquele Deus que se voltou para mim e que se manifestou em meu interior."
>
> **Anselmo Grun**
> A oração como encontro
> Petrópolis, Vozes, 2012, 33.

Revisão da oração

1 O que eu **rezei** nestes textos?

2 O que eu **senti** na minha oração?

3 O que **Deus me mostra** hoje para a minha vida?

QUAL A PALAVRA PARA O SEU DIA HOJE? ❓

Jesus
sendo tentado

3
Mt 4,1-11

> *Então Jesus foi conduzido pelo Espírito à parte alta do deserto, para ser tentado pelo diabo. [...] O diabo o levou ainda a um monte muito elevado, mostrou-lhe todos os reinos do mundo com seu esplendor e lhe disse: 'Todas estas coisas te darei se, prostrado, me adorares'. Respondeu-lhe Jesus: 'Retira-te, Satanás! Porque está escrito: Adorarás ao Senhor, teu Deus, e só a ele prestarás culto'. Por fim, o diabo o deixou..."*

Jesus está no deserto. Não sei se já percebemos, mas as tentações de Cristo são de verdade, as tentações da humanidade. O deserto é um lugar de solidão, de escuta, de interioridade. Para lá, muitos santos se dirigiram, para encontrar e buscar a paz interior. Porém, lá mesmo foram tentados profundamente, assim como aconteceu com Jesus. Podemos dizer que o deserto é também é lugar de desafios e encontros.

Recriando a cena...

Jesus em oração é levado a lugares desafiadores, sinta como está a sua alma. Experimente como o mal espírito propõe a Jesus armadilhas. Veja como, em sua maturidade, Jesus toma consciência do quanto ele não pode se deixar conduzir pela fantasia.

Veja como Jesus enfrenta as suas tentações.
Perceba o modo de agir de Jesus.

Quando entramos em contato conosco mesmos, a nossa verdade vem à tona, e nem sempre queremos acolhê-la ou nos relacionar com ela. Jesus é diferente. Ele acolhe, reza e vence a cada uma delas mostrando que o caminho é a Palavra de Deus.

Sabemos também nós que, na hora da tentação a nossa razão fica obscurecida, não vemos um palmo diante do nariz. Esta hora tão difícil, faz com que nem conselho aceitemos. Nem conselhos aceitamos, desconhecemos as amizades mais próximas, as suas palavras nos caem como facas cortantes, por isso, preferimos não acolhê-las. Jesus acolhe a Palavra de Deus, para cada tentação ele apresenta uma parte da Escritura.

Quando agimos por impulso, sempre nos arrependemos depois. Mas será que aprendemos com os nossos erros? Nem sempre. Há quem sempre quebre a cara, mas nunca largue aquela situação da vida que o faz ser escravo do erro e da mentira, do sofrimento e da humilhação. A tentação muitas vezes, nos leva em direção aquilo que mais nos humilha e destrói, mas fazemos vistas grossas, pior, achamos que as pessoas ao nosso redor, não estão percebendo. Seguimos nos humilhando e ao mesmo tempo nos deixamos levar quando perdemos a noção e não somos capazes de um "exame de consciência" para averiguar o que nos leva às tentações mais corriqueiras, que nos escravizam. Vale lembrar que na maioria das vezes agimos na escuridão.

Jesus não fez mágica para vencer as suas tentações, agora cabe a nós ter a lucidez para que não nos deixemos vencer pela nossa franqueza "de estimação". Como Jesus, busquemos na oração a vitória no cotidiano.

Em alguns casos, vale lembrar que será preciso buscar uma ajuda profissional para tomarmos consciência das nossas forças e fragilidades.

Para interiorizar...

❋ Tenho lucidez das minhas tentações e fragilidades mais frequentes?

❋ Já busquei partilhar com alguém?

Para meditar...

❋ Quando vejo que não posso lutar sozinho, devo pedir ajuda, acolher conselhos e dicas dos amigos verdadeiros.

❋ Não deixar de orar e de se colocar diante da Palavra de Deus.

> *Jesus se expõe ao risco total de queimar as possíveis seguranças que ele poderia ter advindas das suas prerrogativas, dos privilégios messiânicos que lhe poderiam ser atribuídos como Rei messiânico... Jesus vai se salvando das raízes do espírito do mundo, nos ensinando a verdadeira vida como guia da verdadeira vida."*
>
> **Cardeal Martini, SJ**
> *I Vangeli – Esercizi Spirituali per la vita cristiana*
> Milano, Bompiani, 2017, 537 (tradução nossa).

Revisão da oração

1 O que eu **rezei** nestes textos?
_____
_____
_____
_____
_____
_____
_____

2 O que eu **senti** na minha oração?
_____
_____
_____
_____
_____
_____
_____

3 O que **Deus me mostra** hoje para a minha vida?
_____
_____
_____
_____
_____
_____
_____

QUAL A PALAVRA PARA O SEU DIA HOJE?

Jesus
profetizando as Bem-aventuranças

4
Mt 5,1-13

> Vendo essas multidões, ele subiu ao monte. Quando sentou, seus discípulos chegaram para perto dele. Tomou a palavra e ensinava-os assim: 'Felizes os pobres em espírito, porque a eles pertence o reino dos céus...'

Aprender de Jesus: este é o caminho, não podemos fugir dele. Ele hoje sobe a montanha e então chega uma multidão sedenta de vida, de apreender e de acolher os ensinamentos de Jesus. A sua palavra é comida. A multidão queria ver e estar com Jesus.

Recriando a cena...

Sentemos com Jesus para escutá-lo
Escutemos o que ele diz.
Deixemos que suas palavras nos preencham.
Olhemos os gestos de Jesus, o que ele veste.
Onde está sentado ou mesmo de pé.
Perceba: onde você está sentado e em quê?
Qual o ambiente? O clima?
Imagine o rosto das pessoas ao escutarem Jesus.

Jesus conhece profundamente o coração humano, as dores e as alegrias da multidão que o buscava. Jesus apresenta para cada um de nós, novos valores: feliz quem sofre, quem é perseguido... A felicidade não está no esquema do mundo, pois ela é algo muito mais profundo: está escondida no âmago de nossa existência.

Quem vai além das aparências encontra a felicidade.

O cristianismo não precisa de estratégias para levar a felicidade. Igreja e religião não são lugares para fazer alguém feliz, de modo especial no modelo e esquema do mundo quando felicidade é comparada com sucesso e prazer.

A felicidade é Deus quem oferece lá no profundo da alma e do coração, o papel da Igreja é levar Jesus à alma humana, proporcionar um encontro com Cristo e seu reino. Mesmo se eu for perseguido, pobre, estarei em paz. A pobreza aqui significa não é tanto o não ter bens, mas colocar Deus e seu Reino em primeiro lugar. Vejamos que Jesus nas bem-aventuranças apresenta um projeto de liberdade interior, quanto mais livres, desapegados, mais felizes seremos, mesmo se formos perseguidos, o convite é para que nos libertemos, inclusive da nossa autoimagem, das nossas vaidades e da imagem que fazem de nós ao sermos fiéis ao projeto de amor de Jesus. A decisão é esta, ou eu me alegro em Deus, ou me contento com o mundo. Para isto, é preciso conversão.

Não podemos pintar e apresentar Jesus sem pedir conversão, compromisso com os pobres, com o ser humano e também com a sociedade. Um Jesus sem profecia não é evangelho e não é cristianismo. Precisamos conhecer em profundidade os sentimentos de Cristo, este é o caminho e a origem da nossa felicidade. Sentir o que ele sente, amar o que ele ama, abraçar o que ele abraça: isto nos traz felicidade.

Quem não toma o caminho dos insensatos, do pecado, da injustiça, da mentira, ou do querer o mal ao seu irmão ou irmã, encontrará o caminho da felicidade verdadeira. Sigamos firmes no caminho de Jesus. Ele nos apresenta este novo jeito de lidar com a realidade e com os sentimentos nossos e os dele mesmo. A Igreja e a vida religiosa, devem ser aquelas realidades que também brotam de Cristo, com amor e acolhida a todos. É algo muito diferente da dinâmica do mundo que, quando a gente não concorda e não acolhe, não combina, queremos destruir e matar, usando da violência, das *fake news* e outras coisas. A dinâmica do evangelho é para todos: é dinâmica de perdão, reconciliação. Quem estiver sendo perseguidor ou se sente marginalizado, acalme o seu coração, porque nos braços de Cristo todos nós cabemos.

Para interiorizar...

✱ Tenho percebido que o projeto do mundo não se encaixa com o projeto das bem-aventuranças?

✱ Sinto que a felicidade que Jesus pregava é diferente da felicidade vendida pelo mercado?

Para meditar...

✱ Entrar no caminho de Jesus é sofrer a sua mesma sorte.

✱ Quanto mais livres, mais capazes de anunciar o Evangelho.

> ... Há outra voz dentro de vós e ao vosso redor, uma voz contraditória. Trata-se de uma voz que diz: 'Felizes os soberbos e violentos, aqueles que progridem custe o que custar, os que não têm escrúpulos, os impiedosos e os desonestos, aqueles que promovem a guerra e não a paz, os que perseguem as pessoas que se lhes apresentam como obstáculo ao longo do caminho'. E parece que esta voz tem sentido num mundo onde os violentos com frequência triunfam e os desonestos dão a impressão de alcançar o sucesso. 'Sim', diz a voz do mal, 'são eles que hão de vencer. Felizes deles!'."
>
> **São João Paulo II**
> *Homilia* feita no ano 2000 por ocasião da missa com os jovens junto ao Lago de Tiberíades Disponível em: <www.vatican.va/content/john-paul-ii/pt/travels/2000/documents/hf_jp-ii_hom_20000324_korazim-israel.html>. Acesso em: 23 jun. 2023.

Revisão da oração

1 O que eu **rezei** nestes textos?

2 O que eu **senti** na minha oração?

3 O que **Deus me mostra** hoje para a minha vida?

QUAL A **PALAVRA** PARA O SEU DIA **HOJE?**

Jesus
ensina a humildade

5
Mt 18,1-10

❝ Cuidado! Não desprezeis um só destes pequeninos! Porque eu vos digo que os seus anjos, no céu, contemplam sem cessar a face de meu Pai que está nos céus.❞

O caminho do seguimento a Jesus é o caminho da descida. Quem descer, quem se abaixar, quem entrar no caminho que Jesus entrou, sem arrogância, sem violência, sem raiva, sem rancor... quem se colocar pequeno, quem se colocar a serviço, encontrará graça diante de Deus, encontrará o caminho para contemplar o rosto de Deus assim como os Anjos, que têm a missão de cuidar.

Hoje, quando olhamos para esse trecho do evangelho de São Mateus, vemos que Jesus coloca como parâmetro para entrar no Reino de Deus, no Reino dos Céus, sermos pequeninos, como as crianças.

Recriando a cena...

Jesus coloca a criança como modelo. Olhemos a sua expressão, o seu rosto. Interessante perceber a indignação de Jesus com os que não se deixam converter e escandalizam os pequenos. Olhemos o modo de Jesus revelar o evangelho da humildade.

As crianças não carregam rancor, não carregam maldade. As crianças não carregam violência dentro de si. Mas, pelo contrário, perdoam sempre, esquecem sempre. Retomam sempre com um sorriso no rosto. As crianças não carregam as estruturas pesadas da maldade, como nós carregamos. Nós alimentamos a maldade. Podemos, então, hoje, pedir a graça de sermos como crianças. De sermos representantes da bondade de Deus, do Reino de Deus. De sermos representantes da pureza. Onde há crianças, a dinâmica é diferente. A estrutura do adulto se quebra quando as crianças brotam e surgem.

As crianças são espontâneas! As crianças são alegres! As crianças são inocentes! Por isso, hoje, as palavras de Jesus nos dizem: "Quem acolher, em meu nome, uma criança como esta, estará acolhendo a mim mesmo. Cuidado! Não desprezeis um só desses pequeninos". Quando desprezamos os pequeninos, quando não olhamos para o que eles nos apresentam, nos fechamos no projeto do adulto. O projeto do adulto, muitas vezes, é o projeto do poder, de ganância, de violência, de vaidade. Jesus disse: cuidado! Não desprezeis um só desses pequeninos. O caminho do cristianismo é o de fazer-se pequeno. No caminho do cristianismo o mais é menos. No caminho do cristianismo é necessário descer para subir.

Por isso, hoje, é necessário que tomemos consciência de que cada criança representa o projeto de Deus na nossa vida. Viver como criança, abandonar-se nas mãos do pai e da mãe, confiar no que Deus tem para nós será sempre uma oportunidade de conversão. Para que o Reino de Deus aconteça hoje, aqui e agora, é preciso que nos convertamos. É preciso que encontremos, dentro da pureza de nosso coração, a capacidade de encontrar discernimento para buscar, em tudo, a vontade de Deus. Para fazer um bom discernimento, precisamos estar livres das estruturas mundanas, das estruturas violentas, das estruturas viciadas que o mundo oferece.

É por isso que, buscando esta purificação, esta liberdade, esta autenticidade no conhecimento de Deus, é preciso que sejamos como crianças. Que o tempo, que a vida, que a nossa oração, que o nosso desejo de conversão possa ir nos purificando. Mas, que nunca percamos de vista o olhar amoroso de Deus, a presença amorosa de Deus para conosco. E que, como os Anjos, sejamos contemplativos, contempladores da face de Deus. Desse Deus que cuida, desse Deus que nos acompanha, na simplicidade das crianças.

Por isso, meus irmãos e irmãs, acolhamos a dinâmica do Reino. "Em verdade vos digo: se não vos converterdes e não vos tornardes como crianças, não entrareis no Reino dos Céus. Quem se faz pequeno como essa criança, esse é o maior no Reino dos Céus".

O serviço, a entrega, a caridade, o perdão são o que nos fazem pequenos. Quando buscamos ser maiores, melhores, prepotentes e poderosos, entramos no caminho da condenação, no caminho da derrota. Quantas vezes na Igreja, na sociedade e na família ainda encontramos pessoas prepotentes, pessoas que se sentem donas do poder, da decisão, e perdem a capacidade da escuta, do diálogo, de salvar a proposição do próximo, daquele que se faz pequeno. O caminho é o serviço. O caminho é o da pequenez. Não nos deixemos contaminar! Não nos deixemos contaminar pela arte dos insensatos, que buscam o poder, a corrupção, a mentira e a humilhação.

Para interiorizar...

✸ Tenho consciência de qual caminho tenho construído em minha vida?

✸ Busco a humildade como modo de vida?

Para meditar...

✸ Viver Cristo é viver a caridade e a humildade no cotidiano e no silêncio.

✸ A matemática de Jesus é diferente do mundo, quem quiser subir, tem que descer.

> "Por meio da meditação.
> Pretende-se entrar nessa essência e, no mínimo, molhar os lábios com seu néctar."
>
> **Pablo d'Ors**
> *Biografia do silêncio*
> São Paulo, Academia, 2019, 63.

Revisão da oração

1 O que eu **rezei** nestes textos?

2 O que eu **senti** na minha oração?

3 O que **Deus me mostra** hoje para a minha vida?

QUAL A PALAVRA PARA O SEU DIA HOJE?

Jesus
com as crianças

6
Mc 10,13-16

> *Deixai vir a mim as crianças, e não as impeçais, porque o Reino de Deus pertence aos que são semelhantes a elas. Eu vos declaro esta verdade: quem não acolher o Reino de Deus como uma criança, não entrará nele.*

A palavra abandono é forte e dura. Jesus por sua vez, pede e proclama: deixem vir a mim as criancinhas. A atitude de Jesus revela o quanto ele sabe utilizar as metáforas e as imagens para falar do seu Reino. Em seu Reino ninguém fica abandonado.

Recriando a cena...

Vejamos como o olhar de Jesus está comprometido com a vida e com as pessoas frágeis. Imaginemos as crianças chegando perto de Jesus para serem tocadas. Imagine Jesus abraçando as crianças e dizendo que todos devemos ser como elas. Jesus fica indignado com a tentativa dos discípulos de impedir que as crianças chegassem perto dele.

Ele experimentou na pele o que é ser uma criança pobre e sem casa. Uma criança marcada pela necessidade de fugir, migrante. Desde criança, que vai crescendo em meio a uma cultura que não valorizava os pequeninos, Jesus sabe revelar com alegria que os pequenos têm lugar em seu abraço.

Poderíamos esperar algo diferente de Jesus? Quantas vezes ele mesmo se apresentou como o bom pastor que cuida, que dá a vida pelas suas ovelhas, ele se revelou como misericórdia para com os pecadores e fracos. Jesus não tem medo ou receio da nossa fragilidade. Pelo contrário, ele nos convida a que tomemos o caminho que nos leva ao seu abraço. As crianças aqui representam todas as pessoas que se sentem de algum modo fragilizadas, abandonadas, não orientadas, perdidas etc. No colo de Jesus sentiremos a sua presença, em seu abraço sentiremos a paz que necessitamos e em sua bondade nunca nos sentiremos julgados, condenados, pelo contrário, o seu jugo é leve.

Jesus é acolhida, amor e ternura.

A sociedade atual que tenta criar um ambiente de "vale tudo" abandona os seus filhos iludidos quando eles quebram a cara. Quando se perdem nas drogas, nas prisões, na violência, na vulgaridade da vida e dos sentimentos. Todas estas pessoas vitimadas, passam a ser invisíveis para a sociedade. E curiosamente, era essa mesma sociedade que as incentivava a tomar o caminho do tudo pode, do tudo vale a pena. Depois, tornam-se filhos abandonados. Os nossos problemas, crises, dores, todos devem ser direcionados ao Senhor que é bondoso. Assim, encontraremos forças para sair deles, resolvê-los, nunca sozinhos, não somos abandonados, temos um Deus que é Pai de todos, que nos deu seu Filho Jesus.

Para interiorizar...

✱ Tenho coragem de entrar no caminho humilde de ser como uma criança?

✱ Quais são as minhas fragilidades deste momento e etapa da minha vida?

Para meditar...

✱ Temos um colo que é cheio de bondade.

✱ Deus é ternura.

> "A pessoa humilde fez a experiência da bondade inesgotável de Deus. Que se dá ele mesmo nos dons que nos dá."
>
> **Benjamin B. Buelta, SJ**
> *La humildad de Dios*
> Bilbao, Sal Terrae, 2012, 48 (tradução nossa).

Revisão da oração

1 O que eu **rezei** nestes textos?

2 O que eu **senti** na minha oração?

3 O que **Deus me mostra** hoje para a minha vida?

QUAL A PALAVRA PARA O SEU DIA HOJE?

Jesus
e a morte de João Batista

Mc 6,14-29

> *Ela saiu e perguntou à mãe: 'Que devo pedir?'. A resposta foi: 'A cabeça de João Batista'.*

Fiquemos atentos e percebamos como e o quanto a rede de pecado funciona.

Quando não somos livres e vivemos no pecado, quando vivemos a partir de sua perspectiva, não queremos nos libertar e, para mantê-lo, alimentamos a rede de morte ao nosso redor, somos dissimulados, medrosos e omissos. A cena bíblica em questão é muito clara: é preciso matar João, pois ele falou a verdade!

Recriando a cena...

*Imaginemos o ambiente pesado,
repleto de mentiras e interesses escusos.
Escute a música e imagine a "dança da morte".
Imaginemos a dança da filha de Herodíades.
Escutemos a decisão de Herodes.
Vejamos a alegria dos maus
Contemplemos a cabeça de João sobre a bandeja.
A morte de um profeta inocente,
por causa do pecado daqueles que o temiam.*

Mas o interesse de Herodíades era a morte, achando que ela iria extirpar a verdade para sustentar a mentira da sua vida. A rede de pecado nos leva à dispersão, maldade, mentira, falsidade, e vestimos uma máscara adequada para cada momento da nossa vida. Vamos quebrando e perdendo a nossa identidade, até que não nos reconhecemos mais quem somos. Perdemos a reta e boa intenção e vamos vivendo em conivência com a mentira e com o inimigo da verdade.

Herodíades aproveita desse ambiente e "encurrala" Herodes. Esse homem, poderoso, não queria perder a sua fama de que era um homem de palavra. Ele então, concorda com sua mulher e cumpre a palavra, mesmo que isso gerasse a morte de alguém admirado por ele. Vejamos como vamos aprofundando um vazio dentro de nós, vamos perdendo a nossa verdadeira identidade quando nos valemos do pecado para manter a nossa posição, cargo, boa fama. Nesta oportunidade os nossos olhos se voltam para João, este não abre mão da verdade, ele não abre mão da sua identidade, nem a morte ameaçou a sua verdade. Ele era alimentado pela verdade e não pelo pecado.

Qual é a rede de pecado da minha vida?

Olhe para a sua história, para as pessoas da sua vida, pouco a pouco vamos nos dando conta de certo véu que encobre a nossa realidade tão afetada em tempos de *fake news* e da pós-verdade.

Quando olhamos para a Igreja, vemos a força dos mártires e profetas, a força do amor, a vida verdadeira, vai contra a vida hipócrita dos falsos pastores que ameaçam as suas ovelhas.

Quando abrimos mão de conhecer a verdade, vivemos como em um campo minado, a qualquer momento pode explodir algo estranho e embasado na mentira. Já os profetas e mártires vivem da verdade e para verdade, por isso não têm medo dela.

O pecado que contemplamos hoje neste texto bíblico é um pecado em grupo, de certa forma, ele é feito em família: uma, a filha, dança; a outra, a esposa, pede o prêmio, e o outro, o marido, cumpre a promessa da violência.

Por trás da mentira, sempre está agindo algum tipo de violência. Por isso, a paz interior presente nos mártires e profetas, pois estes estão convencidos de que nunca a vingança e a violência serão o caminho de libertação. O que nos liberta e salva é o amor, a paz e a justiça.

O maior desafio de cada um de nós batizados é não sucumbir ao caminho da mentira e da violência. Estamos do lado da paz, do ressuscitado e do que foi crucificado pela verdade. Qualquer libertação pede compromisso com a verdade. Não deixemos que a nossa vida esteja comprometida com a morte do nosso irmão e irmã. Em tempos de internet, é muito fácil dar uma opinião, às vezes até falsa, sem levar em consideração que essa opinião pode matar, pode diminuir e humilhar. Mas mesmo assim, há quem continue compartilhando mentiras e *fake news*. Santo Oscar Romero, irmã Dorothy Stang, os jesuítas de El Salvador (seis religiosos assassinados na mesma casa) e tantos outros mártires, chegaram ao cume: pela verdade que é Cristo, não abriram mão; deram a própria vida. Viver e morrer por amor é o caminho.

Para interiorizar...

- Tenho consciência de qual verdade eu estou a serviço? Para qual verdade eu vivo?
- Tenho coragem de assumir o caminho de Cristo, da não violência?

Para meditar...

- O amor é a paz e a justiça: são o caminho de Cristo.
- O evangelho nos liberta das ciladas do inimigo de Cristo, firmemos os pés na verdade.

> "A morte de Rutílio Grande reverberou e fez acontecer uma reviravolta no coração e na experiência de ser pastor do então novo Arcebispo, Romero, pois, ao ver o seu amigo assassinado, decide-se pelo Evangelho e por uma vida de radicalidade e proximidade como o povo."
>
> **José Laércio de Lima, SJ**
> *A ousadia de amar até o fim*
> São Paulo, Loyola, 2021, 41.

Revisão da oração

1 O que eu **rezei** nestes textos?

----

2 O que eu **senti** na minha oração?

----

3 O que **Deus me mostra** hoje para a minha vida?

QUAL A **PALAVRA** PARA O SEU DIA **HOJE?** ❓

Jesus
envia os setenta e dois

8

Lc 10,1-12

> *A colheita é grande, mas os operários são poucos. Pedi ao dono da colheita que envie operários para a sua colheita."*

O que acontece com o coração que rejeita Deus? O que acontece com o nosso coração no dia a dia? Tantas vezes rejeitamos o projeto do Reino de Cristo para abraçarmos o nosso projeto pessoal. Todos os dias Jesus está a nossa porta, ele quer sentar e cear conosco, mas nem sempre o acolhemos e o reconhecemos. Nem sempre participamos da sua presença e liberdade, da sua pobreza e simplicidade. Hoje Jesus nos convida a que todos nós, como missionários, sejamos mais livres, nos convida a vislumbrar dias felizes, por termos um coração aberto e acolhedor, e nos convida também a sentirmos em nosso íntimo que somos enviados a anunciar o evangelho.

Todos nós recebemos o chamado para anunciar e quando respondemos a esse chamado e somos enviados, vivemos um tempo especial. Ao anunciar o evangelho "com" e "na" alegria, "com" e "na" esperança, fazemos presente uma Igreja aberta que não faz distinção de pessoas, uma Igreja que não quer ficar centralizada nela mesma, mas quer acolher e colocar Cristo como o Senhor da Igreja e nele, acolher todo ser humano.

Recriando a cena...

*Imagine Jesus enviando os discípulos.
Perceba como é fundamental
o desapego e a liberdade.*

*Perceba como eles se vestem,
como pregam, como agem.
Seus rostos, corpos, roupas...
Por onde passam, como falam.*

Quanto a cada um de nós, como posso anunciar este evangelho? Como posso falar de Jesus, senão com a própria vida? É o senhor quem nos envia, a missão é ele quem nos dá e confia. Não levar nada, esperar e confiar no Senhor, sermos agentes da paz que não se perde nunca.

A liberdade é a característica da vida missionária, mas não podemos esquecer que trazemos um tesouro em vasos de barro. Somos pecadores, limitados, mas o que carregamos dentro, é precioso. É Cristo Jesus.

Em tempos tão estranhos, precisamos ver o que é que nos tira a dinamicidade da missão e o que nos afeta de modo tão sério que nos tira o brilho dos olhos. Perdemos muitas vezes a alegria de ser quem somos, nos limitamos a vivenciar uma prática religiosa que nem sempre expressa e revela quem é o Senhor da nossa vida e missão. Nem sempre sabemos o que significa de verdade anunciar a Cristo. Hoje, vivemos dias tão estranhos que muitas vezes a missão anuncia a pessoas e esquece de Cristo. A missão e o testemunho, trazem como centro o testemunho que Cristo deu do seu Pai. Não nos permitamos viver qualquer vida, mas olhemos para Cristo, é a ele que deve estar direcionado o nosso amor. Coisas e pessoas podem obscurecer o nosso coração, se não nos ajudam a alcançar o fim para o qual fomos criados.

Quanto mais liberdade, mais evangelho vivenciado e mais amor doado. Lembremos no coração e na oração, tantos nomes, pessoas, rostos de missionários e missionárias, que livremente entraram em nossas vidas e anunciaram a Cristo com seu jeito, com sua alegria e nos afetaram, nos fizeram viver uma experiência positiva do amor de Deus.

Jesus sabia que contaria conosco, por isso, nos envia a anunciar, a missão é universal, mas começa dentro de casa. A missão é dom de Deus, mas não podemos nos esquecer que ela vai se dando e acontecendo nas coisas pequenas, no sabor de um sorriso, no abraço fraterno, no tempo gasto para a escuta, na caridade, na oração silenciosa, este é o "diamante escondido" que devemos encontrar, a perola preciosa, o tesouro pelo qual devemos vender tudo para adquiri-lo. Porém, nem sempre é tão fácil. Há quem se confunda, colocando as pessoas, coisas, produtos, no centro e assim nos perdemos. O apego, a ilusão e a idolatria nos colocam no caminho contrário da missão que pede liberdade. Em tempos de internet, cresce a ilusão e cresce a fragilidade da pessoa, por ser tão afetada a cada instante pela ideia de que tudo se resolve em um clique de computador. A felicidade não está em promoção, esta vem de Cristo e da alegria de sermos quem somos, missionários e missionárias desde o batismo.

Para interiorizar...

- Tenho escutado o apelo de Jesus me chamando e me enviando?
- Qual o centro da minha vida?
  Como tenho anunciado o Evangelho hoje?

Para meditar...

- A missão é de Cristo, mas é ele quem nos envia a participar da sua vida e missão.
- A missão é anunciar em Jesus a alegria e o amor em termos conhecidos.

> "Na nossa sociedade altamente consumista, a felicidade e o sentir-se realizado parecem ser dados pelas conquistas do desejo explícito ou implícito de fazer dinheiro e possuir objetos de marcas ou não, carros belos, e outros objetos de desejo que marcam o *status quo* de vencedores."
>
> **Claudette Portelli e Matteo Papantuono**
> *Le Nuove Dipendenze*
> Cinisello Balsamo, San Paolo, 2017, 87 (tradução nossa).

Revisão da oração

1 O que eu **rezei** nestes textos?

2 O que eu **senti** na minha oração?

3 O que **Deus me mostra** hoje para a minha vida?

QUAL A PALAVRA PARA O SEU DIA HOJE?

Jesus
acalma a tempestade

9
Mt 8,23-27

> *Aconteceu que se levantou no mar uma tempestade tão violenta, que a barca estava sendo submersa pelas ondas. Ele, no entanto, dormia. Os discípulos chegaram até ele e o acordaram, dizendo: 'Senhor, salva-nos! Estamos perdidos!'. Jesus respondeu-lhes: 'Por que estais com medo, homens pobres de fé?'.*

Hoje a nossa oração será para pedir, clamar e gritar a Jesus, para que ele venha ao novo encontro em meio às nossas tempestades mais fortes.

Tudo nos ameaça, mas o Senhor com a sua bondade está sempre conosco.

Recriando a cena...

Todos estamos em um barco
com Jesus e os discípulos
Imagine a tempestade,
os ventos, o barco agitado.
A água batendo no barco
Vejamos Jesus, olhemos para ele.
Olhemos para a reação dos discípulos.
Como você se vê neste barco?
Imagine-se dentro dele.

Nada e ninguém nos atrapalhem, nos tirem do foco, nos arranquem a fé e a esperança.

Para nós que temos fé, nuca estamos sozinhos, cada lágrima derramada será compensada, mas ninguém pode desejar sofrer, afinal, ninguém sofre porque quer.

Precisamos avançar sabendo que Cristo Jesus está no meio de nós e acalma todas as nossas tempestades. É preciso olhar para as crises do mundo, encontrar uma oportunidade nova no horizonte. Jesus é a salvação e libertação dos sofredores na barca deste mundo. Dificuldades e sofrimentos sempre teremos, mas, e o nosso coração, como ele permanecerá? E a nossa esperança? Jesus nos pergunta sobre o porquê termos tanto medo? Afinal todos estamos na barca.

Qual é o nosso medo?

Muitas vezes as nossas crises tomam grandes proporções porque ainda não conhecemos quem é Jesus profundamente. Quem é Jesus para cada um de nós?

O que a vida dele me ensina e diz?

Deixemo-nos impactar pela força desta pergunta: quem é Jesus para mim?

Como ele impacta a minha vida? Como ele afeta a minha existência? Se a tempestade é grande e balança o barco da vida, e o pavor chega até mim... Como devo viver e reagir? Vencer as tempestades será possível, só precisamos gritar, clamar, chamar Jesus para a nossa vida. Não pensemos que devemos enfrentar os nossos problemas e crises sozinhos, não; o vento é forte sim, o desespero também vem, mas não estamos sozinhos.

Também nas tempestades, é precisa saber navegar, há quem queira ficar com as velas levantadas, estendidas em plena tempestade, não. Precisamos saber baixar a guarda, baixar as velas, esperar, rezar, confiar, tudo passa.

Gastamos muita energia quando lutamos contra as tempestades, crises, é preciso ter maturidade e sabedoria para saber utilizar as técnicas corretas e sobreviver aos ventos e à escuridão. O nosso medo não pode nos limitar e nos tirar das ondas e do mar, precisamos persistir, confiar e sentir, pois ele está no meio de nós.

A sua presença se faz sentir, a sua Palavra nos sustenta e conduz o coração.

A sua força e presença de espírito nos fortalecem também, nos permitem atravessar os mares e a noites escuras com os seus ventos fortes.

Como filhos da luz, não podemos permanecer nas trevas, a luz libertadora vem sobre nós, nos dá paz, acalma e nos sustenta. Cristo tem o barco da nossa vida, em suas santas mãos. Peçamos a graça de conhecer os seus sentidos, não deixemos que o medo nos desnorteie. Ele acalma a tempestade. Onde está a nossa fé? Senão nele? Acalmemos o nosso medo e estupor e olhemos para ele, seguremos em sua mão. Só o conhecimento de Jesus nos dará a sabedoria e tranquilidade para superar todas as dúvidas, medos e crises.

Para interiorizar...

* Quais os meus medos? O que me atrapalha e nos tira do foco?
* Quem é Jesus, quem é este que tem o controle sobre as tempestades?

Para meditar...

* Em todas as noites escuras, quem nos espera é o Senhor.
* É preciso saber baixar as velas para seguir navegando.

> Fazer meditação é se colocar justamente nesse exato momento: Você tem sido um andarilho, mas pode se tornar um peregrino. Quer?"
>
> **Pablo d'Ors**
> *Biografia do silêncio*
> São Paulo, Academia, 2019, 92.

Revisão da oração

1 O que eu **rezei** nestes textos?

---

2 O que eu **senti** na minha oração?

---

3 O que **Deus me mostra** hoje para a minha vida?

QUAL A
PALAVRA
PARA O SEU DIA
HOJE?

Jesus
caminha sobre as águas

10

Mt 14,22-36

> De madrugada, foi ter com eles, caminhando sobre o lago. Quando o viram andar sobre a água, os discípulos ficaram assustados: 'É um fantasma!', diziam com gritos de pavor. Mas logo Jesus lhes disse estas palavras: 'Coragem! Sou eu. Não tenhais medo'."

Quantas vezes, quando olhamos para a nossa vida, pensamos até que estamos vivendo um momento de crise, por falta de enxergar as coisas com lucidez. Parece que tudo fica escuro. Parece que o medo nos vence. Parece que as coisas não funcionam como deveriam funcionar. E o medo parece vai invadir a nossa vida. Parece que o dia se faz noite.

Recriando a cena...

Imaginemos os discípulos
entrando no barco indo ao mar.
Os discípulos com medo,
pois o barco está sendo
atormentado pelas ondas.
Jesus caminhando sobre a água,
o que apavora os discípulos.
Escutemos a voz de Jesus:
"Coragem! Sou eu. Não tenhais medo!".
Imaginemos Pedro indo até Jesus.
Pedro também, afunda.
Coloque-se no barco, veja como eles agem.
Como você se sente?

Parece que o coração fica desesperado, sem esperança.

Falta-nos luz.

Os discípulos, com medo, ficaram sem esperança, sem condições de crer. Mas, no fundo de cada um, a fé ali está. A fé continuava, mesmo com a crise, com as ondas e com a iminência de o barco afundar. E surgem, em meio à noite, a tempestade e a escuridão, mas nenhuma tristeza e nenhuma escuridão serão para sempre, pois temos conosco o Senhor. Ele que é bom, que é misericordioso, que é fiel, que fala a cada um de nós, que caminha conosco, que caminha sobre as águas de um mundo completamente líquido, que parece afundar, que parece perdido, desorientado.

Jesus caminha sobre as águas, ele vem ao nosso encontro.

Sinta esta presença vindo em sua direção e em direção a tudo o que é tempestade em sua vida. Quais são, de verdade, as causas do seu barco balançar e gerar tanta insegurança?

A liquidez desse mundo afeta a todos nós, mas não afeta a Cristo.

Ele caminha sobre os nossos problemas, sobre a liquidez dos dias atuais, nos sustenta pelas mãos, nos tira das trevas da insegurança, nos lança na vida, no seu barco, que é a Igreja.

O medo nos faz afundar em problemas, perder a esperança, chorar, mas Cristo sempre vem em nossa direção.

Sigamos firmes, confiantes e animados.

Experimentemos segurar nas mãos do Senhor e clamar por ele. Olhemos ao nosso redor...

Qual é a situação da sua vida, da sua família, do seu trabalho, da sua saúde que está precisando ouvir: "Coragem! Não tenha medo". E hoje é Jesus quem te diz: "Coragem! Não tenha medo".

Para interiorizar...

- Quais situações da minha vida me fazem afundar?
- Por qual motivo tenho medo de segurar nas mãos de Jesus?

Para meditar...

- Nada pode nos tirar a segurança das mãos do Senhor. Caminhar sobre a liquidez do mundo atual é questão de identidade.
- Quem está no Cristo, caminha com ele firmemente.

> "Tem piedade de mim, inevitável mendigo do Absoluto! Sustenta a minha vigília até o instante exato em que se dissolva a superfície das coisas e que te revelas em meus sentidos que tu afinas na espera."
>
> **Benjamin G. Buelta, SJ**
> *Ver o perecer*
> Bilbao, Sal Terrae, 21 (tradução nossa).

Revisão da oração

1 O que eu **rezei** nestes textos?

2 O que eu **senti** na minha oração?

3 O que **Deus me mostra** hoje para a minha vida?

QUAL A PALAVRA PARA O SEU DIA HOJE?

Jesus
e o funcionário do rei

11

Jo 4,46-54

> *'Senhor, desce antes que meu filho morra!'.*
> *Jesus respondeu: 'Volta para casa, teu filho vai viver'.*
> *O homem acreditou na palavra que Jesus*
> *lhe disse e partiu.*

Jesus vai a Galileia, lá foi muito bem recebido. Jesus volta então a Caná da Galileia, quando encontra o funcionário de um rei em Cafarnaum. Este pede a Jesus que o seu filho fique curado.

Diante da súplica desse homem, Jesus garante que o seu filho estava vivo. O funcionário acreditou e viu acontecer a promessa de Jesus.

A Palavra de Jesus, salvou e curou o filho daquele homem; o resultado é fabuloso e todos abraçaram a fé.

Recriando a cena...

Jesus encontra este pai desesperado,
pois o seu filho estava para morrer.
Imagine o diálogo entre os dois.
Os gestos e o rosto do pai.
Contemple o semblante de Jesus, o Cristo,
garantindo àquele pai a cura do seu filho.

Neste sinal Jesus tem muito a nos dizer.

De certa forma temos medo de falar das maravilhas e de tudo o que Deus já fez em nossa vida, nos falta a capacidade do testemunho, do falar ao mundo o quanto Deus é bom, cuida e sustenta a nossa vida.

Nós hoje devemos escolhemos crer, estar com Jesus, decidir esperar nele, exatamente como esse homem e pai, no evangelho acima.

Todos experimentamos assim como a palavra de Jesus garante a vida.

Quando o buscamos com fé, Jesus se antecipa e vai no ponto central e essencial da nossa vida.

A escuta de Jesus é profunda. É no fundo do coração que a obra acontece e que a verdade habita. A fé daquele homem, abre caminho e leva à cura do seu filho.

Desde longe, a partir do homem, do pai, da fé dele, Jesus cura o filho.

A cada dia e momento, escolhemos e elegemos qual caminho a nossa vida deve tomar. Tomamos o caminho de Cristo? Ou vivemos desorientados? A vida caindo sobre nós como em uma cascata, vivemos desorientados, buscando coisas, pessoas, mas muitas vezes, esquecemos de Deus. Hoje Jesus nos diz: o teu coração está vivo.

Ele nos conduz, orienta e coloca o nosso coração no seu devido lugar. Ele habita o nosso coração e a nossa vida com a força do seu amor e da divina misericórdia. Repita: o meu coração está vivo!

A presença de Jesus nos garante que não estamos sozinhos, ele está no meio de nós, impulsiona a vida e a capacidade de ser presença na vida dos demais. Jesus não perde tempo, se faz presença.

Para interiorizar...

✺ Tenho tido a capacidade de testemunhar ao mundo a bondade de Jesus em minha vida?

✺ Ou guardo em silêncio para mim, tudo o que o Senhor, fez e faz?

Para meditar...

✺ A presença de Jesus é garantia de vida.

✺ Buscar com fé, acreditar é um passo fundamental para o milagre.

> No início há um encontro, aliás, há o encontro com Jesus, que nos fala do Pai, nos faz conhecer o seu amor. E assim também em nós surge espontaneamente o desejo de comunicá-lo às pessoas que amamos: 'Encontrei o Amor', 'Encontrei o sentido da minha vida'. Em uma palavra: 'Encontrei Deus!'.
>
> **Papa Francisco**
> Alocução no Vaticano em 17 jan. 2021
> Disponível em: <www.vaticannews.va/pt/papa/news/2021-01/papa-francisco-angelus-17-janeiro-2021.html>.
> Acesso em: 23 jun. 2023.

Revisão da oração

1 O que eu **rezei** nestes textos?

_____
_____
_____
_____
_____
_____
_____

2 O que eu **senti** na minha oração?

_____
_____
_____
_____
_____
_____
_____

3 O que **Deus me mostra** hoje para a minha vida?

_____
_____
_____
_____
_____
_____
_____

QUAL A **PALAVRA** PARA O SEU DIA **HOJE?** **?**

Jesus
entrando em Jerusalém

12
Mc 11,1-11

> Cobriram com seus mantos o jumentinho, e o levaram a Jesus. E Jesus montou nele. Muitos estenderam seus mantos no caminho. Outros estenderam folhagens que cortavam nos campos. Os que caminhavam na frente e os que seguiam atrás gritavam: 'Hosana! Bendito o que vem em nome do Senhor! Bendito o Reino que está chegando, o Reino de nosso pai Davi! Hosana no mais alto dos céus!'.

Hoje acompanhamos Jesus entrando em Jerusalém. A vida de Jesus sempre foi estar e permanecer no caminho do seu Pai. Ele não saiu do caminho. Jesus sobe para Jerusalém: que momento especial. Certamente uma grande expectativa para nós que estamos a caminho com ele. Mas, olhando para Jesus, entenderemos que subir é descer.

Recriando a cena...

Acompanhemos Jesus neste momento
solene da sua vida. Ele está sobre um jumentinho.
Há ramos nas mãos do povo, aclamando
"Hosana ao Filho de Davi".
Tantas vozes diferentes, certamente sotaques distintos.
Mas são rostos conhecidos, alguns curados por Jesus,
outros que estiveram com ele no sermão da montanha.
Alguns testemunharam-no ressuscitando,
como o filho da viúva de Naim. Outros foram
curados da lepra e nem voltaram para agradecer.

*Jesus olha para cada um e sabe que, pouco a pouco, sobre aquele animal, ele está sendo encaminhado à cruz.
Imagine agora os sentimentos dele.
O que sente Jesus neste momento?
O que ele pensava daquelas pessoas?
E se eu estivesse lá?
Será que eu teria ido até o fim com ele?
Meditemos no silêncio do coração.*

O seu modo de viver e existir revela isto para nós, basta que nos aproximemos com fé da história da salvação. Imaginemos que Jerusalém é hoje o nosso coração. Jerusalém é também uma cidade corrompida pelo poder e pela mentira, pela glória do mundo. Não seria assim o nosso coração? Afinal, não se engana ele, com facilidade, com as coisas do mundo? Jerusalém abriu suas portas para acolher Jesus e já sabemos o que aconteceu lá. Mas, e o nosso coração? Está aberto para essa presença? Quais são as minhas esperanças? O que eu espero e desejo, o que eu busco? Deixemos que Jesus entre em nosso coração para ser o Rei.

O nosso coração, assim como Jerusalém, as vezes é também difícil, mas ele, Jesus, insiste em entrar. O povo colocou flores e ramos no caminho para o Senhor passar. Como está o caminho do nosso coração para acolher Jesus? O Rei quer entrar. As consequências são claras, afinal o poder do mundo e o poder religioso tinham medo de acolher Jesus. Jesus atrai a muitos e atrai também a fúria dos poderosos.

Portas abertas nem sempre significam acolhida, as vezes significam armadilha.

Os poderosos tinham medo da liberdade e da pobreza de Jesus, afinal eles viviam justamente o contrário do que Jesus vivia. Como nos lembra o Papa Francisco, Jesus transforma o poder em serviço. Mas Jerusalém tinha medo. Diante de uma pessoa livre e despojada, faltavam as palavras. Não é assim que acontece? Quando estamos diante de um profeta ficamos com o ar suspenso, a respiração nos falta, a emoção nos eleva e ficamos sem palavras.

A arma dos profetas e mártires é a coerência e a simplicidade, o desapego. Diante de Jesus, o poder mundano e a sabedoria mundana se prostram, às vezes sem palavras, às vezes envergonhados, pois o poder dessas pessoas vem do alto, vem do inclinar-se para lavar os pés e para cuidar; já o poder dos poderosos deste mundo vem do dinheiro e dos exércitos.

Até hoje, muitas pessoas não entendem o Papa Francisco pelos seus gestos simples, por não morar em um palácio, por não aceitar viajar em carros luxuosos, por não aceitar uma vida de luxo e cômoda como a de um imperador. Jesus em seu burrinho, sobe a Jerusalém, e nos arranca dos nossos tronos imaginários. Acompanhemos Jesus que silenciosamente entra em Jerusalém, como um homem simples e despojado, e como a sua humilde presença, entre liberdade e amor, são ameaças a quem buscar a glória e o poder deste mundo.

Para interiorizar...

* Tenho coragem de entrar em Jerusalém com Jesus, cantando e aclamando-o como rei?
* Quais são os tronos que tenho visitado?

Para meditar...

* O Senhor em liberdade se coloca à disposição dos corações dos homens.
* A liberdade de Jesus e dos profetas é escândalo para quem vive deste mundo.

> "A teologia da cruz adquire real sentido ao focar não o instrumento do tormento, mas Aquele que dele pende. Desloca-se o acento para a pessoa do Crucificado. Ilumina-a a vida toda de Jesus."
>
> **João Batista Libânio, SJ**
> *A escola da liberdade*
> São Paulo, Loyola, 2010, 395.

Revisão da oração

1 O que eu **rezei** nestes textos?
_____
_____
_____
_____
_____
_____

2 O que eu **senti** na minha oração?
_____
_____
_____
_____
_____
_____
_____

3 O que **Deus me mostra** hoje para a minha vida?
_____
_____
_____
_____
_____
_____
_____

QUAL A **PALAVRA** PARA O SEU DIA **HOJE?**

Jesus
e a multiplicação dos pães e dos peixes

13

Mt 14,13-21

> *Tendo mandado o povo se acomodar sobre a relva, tomou os cinco pães e os dois peixes, levantou seu olhar para o céu, e recitou a fórmula da bênção. Em seguida, partiu os pães que deu aos discípulos, e eles os distribuíram ao povo. Todos comeram fartamente, e foram recolhidas as sobras: doze cestos bem cheios!*

Havia uma multidão atrás de Jesus, por motivos e interesses diferentes. Nem tudo era tão óbvio, nem todos acreditavam que ele era o Messias. Mas, certamente muitos haviam escutado sobre ele. Sua fama era de "milagreiro".

As pessoas desorientadas e famintas, tinham motivos suficientes para buscarem Jesus com interesses bastante pessoais. Quem nunca fez isso? Quando as coisas ficam duras e difíceis, corremos para as promessas, orações, missas, cultos, bênçãos etc.

Queremos ver tudo resolvido como em um passe de mágica.

Jesus é testemunha do quanto, em tempo de festa como era aquele, o povo pobre sofria para viajar e ir ao templo. Ele viu uma multidão, como que desnorteada, como ovelhas sem pastor, e os discípulos, sem saber o que fazer, queriam despistar o povo e pedir que fossem embora com fome. O olhar de Jesus é profundo, ele não vê somente a fome, ele vê o humano, em profundidade. Ele vê e sente naquela realidade e cotidiano Deus se manifestando, para Jesus tudo é muito claro e ele não perde tempo.

Recriando a cena...

Olhemos a multidão faminta.
O despreparo dos discípulos
diante da necessidade do povo
Percebamos a forma como
Jesus cria caminhos novos.
Ver o povo compartilhando o pouco.
Entrar no grupo dos famintos,
ver quais as fomes que trazemos.
Ver a compaixão de Jesus
e sua alegria em aliviar a fome.
Ver o que sobra, o quanto ainda
podemos compartilhar.

Se alguém sofre, é Deus quem sofre.

Jesus então, pede daquilo que eles têm para compartilhar, abençoa e reparte e todos ficaram saciados... e ainda sobrou.

Quem está com Jesus não ficara desamparado, pois Jesus assume as nossas dores, as nossas fomes e sedes. Jesus não sabe conjugar o verbo acumular, ele tudo dá.

Jesus assim, assume para si as dores do seu povo; ama, alimenta e cuida, chamando a todos à participação. Os pães e os peixes, não caíram do céu, saíram da generosidade do povo, que mesmo tomado pela pobreza e sofrimento, soube compartilhar. A generosidade foi abençoada e compartilhada milagrosamente.

É preciso que o nosso olhar alcance a realidade mais profunda das pessoas, as suas necessidades. Assim poderemos enxergar por trás disso, a presença do próprio Cristo que vem a nós, no nosso cotidiano de vários modos e maneiras: Todo caminho espiritual nada mais é do que ir tirando aqueles véus que por vezes tapam a realidade. Sim, a realidade está cheia de Deus e a conversão dos nossos sentidos poderá nos levar a perceber divina presença.

Quantas vezes também nós, também só queremos um olhar, uma atenção, uma palavra, um abraço. Como é tão bom quando alguém se aproxima cheio de compaixão e nos salva e liberta das nossas fomes e angústias, colocando-nos em ordem, de volta ao caminho da liberdade e da salvação. Quantas vezes o nosso cotidiano, a nossa realidade pesa tanto, que até achamos que Deus nos abandonou. Mas para quem olha em profundidade, quem se ajoelha e adora Deus, mesmo em meio a dor, ao caos, e às dificuldades, como Maria junto à manjedoura e à cruz, Deus sempre se faz presente.

Por esse motivo, para nós cristãos não há saída: não dá para vivenciarmos uma fé "de aparências", mas é preciso de verdade assumir a dor da irmã e do irmão, pois é aí que Cristo chora, sofre e é humilhado.

Para interiorizar...

- Tenho olhos para ver Deus com fome, sede, chorando e sofrendo?
- Sou capaz de buscar um caminho espiritual que me revele Deus em profundidade na minha realidade?

Para meditar...

- Deus está na bagunça do nosso cotidiano.
- A nossa vida cristã deve anunciar isto ao mundo, por meio de gestos concretos.

> Se Deus se põe do lado dos pobres, não é porque eles mereçam, mas porque precisam. Deus, Pai misericordioso de todos, não pode reinar senão fazendo justiça sobretudo àqueles a quem ninguém faz. É isto que desperta uma alegria grande em Jesus: Deus defende aqueles que ninguém defende!
>
> **José Antônio Pagola**
> Op. cit., 132.

Revisão da oração

1 O que eu **rezei** nestes textos?

2 O que eu **senti** na minha oração?

3 O que **Deus me mostra** hoje para a minha vida?

QUAL A PALAVRA PARA O SEU DIA HOJE?

Jesus
e os estrangeiros

14
Lc 4,23-30

> Então ele lhes respondeu: 'Sem dúvida, me citareis o provérbio: 'Médico, cura-te a ti mesmo! Tudo o que ouvimos dizer que fizeste em Cafarnaum, faze igualmente em tua terra''.
> Depois acrescentou: 'Eu vos declaro: nenhum profeta é bem recebido na sua terra'.

Como podemos ver, lembramos do desafio de Jesus de ser presença do Reino de Deus em sua própria terra, entre aqueles que ele amava e queria bem. O desafio é grande, sempre criamos expectativas grandiosas. Jesus nem sempre foi visto e reconhecido como Filho de Deus, muitos queriam o milagre, mas não queriam participar do projeto do seu Reino. Neste texto do Novo Testamento, Jesus cita situações bíblicas que deixam os seus adversários mais enraivecidos ainda, quando ele mostra o modo de Deus agir. Jesus cita os casos da viúva de Sarepta de Sídon e de Naaman, o sírio, o leproso curado no tempo de Elias. Tanto a viúva como Naaman eram estrangeiros, provinham das terras tidas como pagãs, mas estes foram curados por Deus, mostrando como a ação de Deus vai além do grupo de amigos, familiares ou mesmo conterrâneos.

Recriando a cena...

Jesus amplia a proposta do Reino de Deus para os que não são os "eleitos".
Jesus é fiel à acolhida de todos.

*Contemplemos a forma
como Jesus se relaciona e
o modo como ele tem interesse
de revelar o rosto de Deus.
Percebamos como Jesus suscita
a fúria de alguns a ponto
de expulsarem Jesus da cidade.*

A ação amorosa de Deus, acontece lá onde houver ser humano. Todos somos capazes de Deus, nada impede a sua ação amorosa e a sua atuação curadora. Em cada cura, em cada manifestação, Jesus aponta para Deus, ele seguiu o exemplo do seu Pai, não fez acepção de pessoas na hora da cura ou do abraço. Jesus é amigo da humanidade, o seu amor vai além das fronteiras geográficas e religiosas. Ele aponta para o respeito para aqueles que pensam diferente e professam uma fé diferente. Não podemos colocar limites ao amor salvífico de Deus. A fé cristã deve seguir o seu mestre com clareza, seguir adiante vivendo um reino de fraternidade universal, sem perder a sua identidade, antes, pelo contrário, a sua identidade é ser um lugar de amor e acolhida, como Jesus o foi. Se perdermos a capacidade de diálogo, escuta e respeito para com as religiões, sejam elas quais forem, quem perde é o cristianismo. Jesus não se permite aprisionar, ele não tinha medo das perseguições, das artimanhas, mentiras e perseguições.

Não há limites para o seu amor.

Você já sentiu o quanto o amor de Deus te afeta? Muitas vezes também somos tentados a imaginar um Deus que ama seletivamente, mas não, só quem não conhece as entranhas de Jesus, seus sentimentos, poderia tentar encaixotar Jesus dentro das suas medidas humanas, culturais e normas pessoais, sem considerar o quando Jesus é universal, sem considerar que ele veio para todos, para ser referência para crentes e ateus, católicos, budistas, espíritas, para as religiões de origem africana etc. Em geral, a nenhum destes você verá criticando Jesus e o seu Reino, pelo contrário, acolhem e respeitam Jesus dentro da sua cultura religiosa e fé. É preciso que deixemos que Jesus seja de fato o Filho de Deus, presença de Deus no mundo para todos.

Ninguém fica desamparado. Ninguém ficará fora do seu amor.

Para interiorizar...

✵ Sinto que para além dos meus pecados, sou amado ou amada?

✵ Sinto que não há limites para o amor de Deus?

Para meditar...

✵ Fundamental será buscar os sentimentos de Cristo.

✵ O nosso olhar deve ser amplo e acolher a todos, o nosso esquema não pode ser o mesmo dos fariseus.

> Uma das maiores provocações da nossa vida espiritual é receber o perdão de Deus. Há algo em nós, ser humano, que nos prende aos nossos pecados e não nos permite deixar que Deus apague o nosso passado e nos ofereça um início completamente novo."
>
> **Henri Nouwen**
> L'Abraccio Benedicente
> Brescia, Queriniana, 78 (tradução nossa).

Revisão da oração

1 O que eu **rezei** nestes textos?

2 O que eu **senti** na minha oração?

3 O que **Deus me mostra** hoje para a minha vida?

QUAL A PALAVRA PARA O SEU DIA HOJE? ❓

Jesus
no Monte da Transfiguração

15

Mt 17,1-9

*„ Transfigurou-se diante deles:
Seu rosto brilhava como o sol e sua roupa
tornou-se branca como a luz."*

Subir a montanha com Jesus, estamos a caminho com ele. Jesus convida os seus amigos para ficarem juntos um momento. Neste momento especial, Jesus prepara os seus amigos para o que virá. João, Tiago e Pedro são formados pessoalmente por Jesus. O momento alto é quando todas as trevas somem, Jesus se revela pouco a pouco quem ele é, tudo fica iluminado. Pedro sentia muita dificuldade em relação a este modo de proceder de Jesus, principalmente quando ele apontava para Jerusalém e para a paixão. Os amigos de Jesus, testemunharam o céu falando; Deus o Pai, falou especialmente a todos que ali estavam. Se no batismo o céu falou com Jesus, hoje, Deus fala diretamente aos discípulos "escutai-o".

Recriando a cena...

Imagine o monte, Jesus e seus amigos.
Clima de silêncio e oração,
encontro com o mistério.
Quando Jesus se revela como pura luz,
os olhos dos discípulos veem novas
todas as coisas em Cristo.
Participe deste momento, esteja presente,
escute e o que ele diz. O que o Pai fala.
Qual o clima, o ambiente espiritual?

Aí está dado o desafio do verdadeiro seguidor de Jesus: escutá-lo, acolher a sua palavra. No caminho da sua revelação plena, Jesus foi batizado, Jesus foi ao deserto, e agora Jesus foi à montanha. Quem sobe aquela montanha com Jesus é convidado a participar da sua luz, da sua revelação plena.

Tudo o que está diante dos olhos muda, se formos amigos de Jesus. É assim que age o Espírito de Deus em nós, fazendo-nos ver novas todas as coisas em Cristo.

Uma graça que devemos pedir hoje é a graça de ver este novo, de conhecer desde a minha interioridade este Jesus de modo novo, ou seja, buscar ver o Cristo em Jesus. Não haverá reconhecimento do Cristo, sem a escuta de Jesus, sem buscar compreender os seus gestos. Assim, escutar, praticar e ensinar: primeiro, escutar o que Jesus diz; segundo, praticar o que ele viveu, fazer como ele fez, agir como ele agiu; terceiro, ensinar com a própria vida o modo de ser e proceder de Cristo no mundo hoje.

Precisamos mostrar ao mundo atual como tudo se encaminha para Deus, mesmo que não entendamos e não tenhamos condições de compreender o que se passa diante dos nossos olhos. Tudo está sendo orientado para Deus apesar de muitas vezes parecer que é o mal a vencer. Mesmo diante da dor de tantas mães que veem os seus filhos mortos, apesar da tragédia anunciada da natureza que reclama seu espaço – visto que estamos devastando e destruindo a casa comum –, mesmo diante da falta de orientação de tantas pessoas diante da vida, tudo está sendo orientado para Deus, apesar da fome dos pobres e das suas dores. É preciso sabermos olhar em profundidade a realidade, nela Deus se manifesta.

Subir a montanha com o Senhor, fazer um retiro, orar diariamente, silenciar, nos capacita a descer com propriedade, com sabedoria, com discernimento. O mundo precisa de nós, não cheios de medo, mas cheios de criatividade e ousadia na missão. Deus nos faz ver sua presença na carne e no humano: e aí que ele se revela. A cada dia ele fala, continua chamando e falando ao mais profundo de cada pessoa.

Para interiorizar...

- Tenho buscado o silêncio e deixado que Jesus se revele diante dos meus olhos?
- Os meus sentidos estão prontos para acolher a revelação de Jesus no mundo?

Para meditar...

- A glória de Jesus hoje revelada na montanha é diferente da glória proposta pelo inimigo.
- É preciso suportar quando ouvimos da boca de Jesus o anúncio da paixão e ressurreição.

> "No mundo da vida, eletrificado pelas mídias digitais, a mediação da razão declina, junto com a esfera pública e a imprensa. Nos nossos dias, vigora o bonapartismo digital..."
>
> **Eugênio Bucci**
> *A superindústria do imaginário*
> São Paulo, Autêntica, 2021, 143.

Revisão da oração

1 O que eu **rezei** nestes textos?
_____
_____
_____
_____
_____
_____

2 O que eu **senti** na minha oração?
_____
_____
_____
_____
_____
_____

3 O que **Deus me mostra** hoje para a minha vida?
_____
_____
_____
_____
_____
_____
_____

QUAL A PALAVRA PARA O SEU DIA HOJE? **?**

Jesus
traído

16
Mt 26,14-16

> *Então, um dos Doze, chamado Judas Iscariotes, procurou os sacerdotes chefes. E lhes propôs: 'Quanto me quereis pagar para eu o entregar a vós?'. Eles lhe garantiram dar trinta moedas de prata.*

O processo e o caminho que todos enfrentamos dentro de nós, são as nossas pobrezas e realidade duras, sofridas e difíceis. Nem sempre trazemos a fidelidade como ponto central da vida. Somos pequenos, tantas vezes desorientados. Não somos capazes de olhar para Jesus e encontrar nele o Senhor da vida. A traição à pessoa de Jesus está aí cotidianamente.

Recriando a cena...

Imaginar e sentir a dor de Cristo traído.
Olhar em seus olhos e
perceber a dor profunda.
Perceber os gestos e atitudes de Judas
Observar o ambiente e o clima
entre Jesus, Judas e os demais.
O valor da traição.
O dinheiro está presente.

Somos convidamos a uma atitude de experimentar em nós, em nosso corpo, o que Cristo experimentou como humano, internamente. A traição, a negação, a mentira, são caminhos que nos fazem sofrer e chorar. A infidelidade dói, faz sofrer.

Como Jesus então, enfrentou a traição e a negação? Como reagiu ao ver seus próprios amigos entrando pelo caminho da infidelidade?

A traição é dilaceradora. Cristo continua sofrendo quando só pensamos em nós e não nos demais. Quando a dor do mundo não nos diz nada, e achamos que é normal a cruz que nossos irmãos e irmãs carregam é porque já nos acostumamos com a barbárie e a injustiça.

O evangelho quando deixa de nos interpelar, é porque já estamos sendo nós "os judas" deste banquete com Jesus. A traição está já a caminho.

O Reino deixa de encontrar espaço dentro de nós.

Olhemos para as nossas decisões, elas nos aproximam de Jesus para entrar em seu projeto de amor ou, pelo contrário, nos colocam distantes do projeto de amor a Cristo?

O caminho seguro seria a fidelidade a Cristo, mas nem sempre é tão fácil.

A experiência nos diz que facilmente entramos pelo caminho da traição, e matamos, traímos Cristo nos irmãos e irmãs no mundo hoje, há algo de Judas em nós.

Não deixemos que os nossos sentidos se fechem, não deixemos que a nossa vida congele, se atrofie. Insistamos e não desistamos de estar, ficar com ele, de participar da sua sorte, mesmo que a perseguição venha até nós, pois a nossa vida é dele.

A dor da traição dificilmente é superada, basta uma memória para que tudo volte. Jesus foi traído, negado, contudo, perdoou. O nosso caminho também deve ser o perdão. O perdão nos cura e nos salva do mal, do rancor e da dor que causa dentro. Não podemos insistir na violência e na morte do nosso irmão.

Se já experimentamos a traição e a infidelidade, devemos hoje colocar tudo diante de Jesus, e pedir a graça de que ele nos ajude a não perder a esperança, e não achar que todos são iguais, que todos irão nos trair e negar.

Para interiorizar...

✳ Trago dentro de mim experiências de traição, negação ou infidelidade?

✳ A dor dos irmãos e irmãs me incomoda?

Para meditar...

✳ Deus não guarda rancor ele ama.

✳ A traição fala de quem traiu e não de quem sofreu a traição.

> "Jesus nunca forçava ninguém a entrar, nem a perseverar, no seu Movimento. Em vez disso, reconhecia a liberdade e a responsabilidade daqueles que desistiram do seguimento dele; e até de quem o traísse."
>
> **Ronaldo Colavecchio, SJ**
> *Na amizade de Jesus a partir da Amazônia – Uma espiritualidade Sinótica*
> São Paulo, Loyola, 2022, 45.

Revisão da oração

1 O que eu **rezei** nestes textos?

....
....
....
....
....
....
....

2 O que eu **senti** na minha oração?

....
....
....
....
....
....
....

3 O que **Deus me mostra** hoje para a minha vida?

....
....
....
....
....
....
....

QUAL A PALAVRA PARA O SEU DIA HOJE?

Jesus
na ceia

17

Jo 13,1-20

"Jesus sabia que o Pai tinha posto tudo nas suas mãos e que tinha saído de Deus e para Deus voltava; levantou-se da mesa, tirou o manto, tomou uma toalha e enrolou-a na cintura. Depois, derramou água numa bacia e começou a lavar os pés dos discípulos e a enxugá-los com a toalha que tinha amarrado na cintura."

Jesus não se cansa de nos surpreender com seus gestos e com o seu modo de proceder.

Ele estava com seus amigos, entre orações e cantos, ele se encurva, e lava os pés de todos eles. Muitos não compreenderam, embora o gesto fosse comum naquele tempo, talvez não esperassem que Jesus o praticasse, pois era ele o mestre. Ao redor daquela mesa e daquele gesto, a identidade de grupo e de discípulos, foi sendo criada, com um convite e mandado: "Eu fiz, agora vocês devem fazer o mesmo".

Recriando a cena...

Jesus se abaixa para servir
como amigo e mestre.
Olhemos em seus olhos, os gestos, o silêncio.
Qual o semblante dos discípulos de Jesus?
Qual a reação de cada um?
Sente-se você também à mesa
e deixe que Jesus lave os seus pés.
Sinta Jesus tocando, lavando e limpando.
Converse com ele.

Papa Francisco deixa claro que "quem toca a carne dos pobres, toca a carne de Cristo" (cf. *Audiência geral* de 22 jun. 2016) e costumeiramente, na tradição, se lavava os pés dos pobres nesta cerimônia.

O exemplo de Jesus aqui joga um importante papel, as palavras já sabemos que passam, mas os exemplos, testemunhos, gestos, permanecem, convertem e arrastam.

Estar sentado à mesa com Jesus cria intimidade, gera identidade. Jesus à mesa não esquece dos pobres, se faz pobre, escravo, fala da sua morte, paixão e amor. Sente dor no coração, pois sabe que entre aqueles que ele ama, há um traidor, nem o seu gesto de humildade, converte o coração corrompido.

Para a nossa meditação e oração uma pergunta é fundamental: As mesas da minha vida acolhem os pobres? Gestam caridade? Ou vivo em banquetes apenas para alguns poderosos? Sobre quem eu me inclino para lavar os pés? Atenção: "Sem os pobres, a Igreja perde seu Senhor, que com eles se identificou e os fez juízes definitivos do mundo. Sem os pobres a Igreja se perde simplesmente"[1].

Empatia e compaixão são o caminho, se quisermos vencer as nossas vaidades. Não há saída: ou exercitamos a humildade, como Jesus, ou estaremos ampliando dentro de nós o vazio de sentido e significado para a nossa fé cristã.

É preciso dar espaço para o Cristo mesmo, para o seu modo de amar e viver.

Em momentos como os atuais, quando desejamos mais aparecer do que ser, carregamos pesados fardos internos, que não suportamos quando tiramos a roupa "de marca", a maquiagem, ou mesmo, quando estamos sozinhos.

A verdade grita, a nossa pobreza pede espaço e sofremos, pois, passamos a vida nos alimentando de ilusões, criadas e sustentadas por nós, mesmos. A humildade, o serviço aos pobres, nos devolvem a nós mesmos.

---

[1] Libânio, J. B., *Olhando para o futuro*. São Paulo, Loyola, 2003, 189.

Talvez não seja tão simples compreender e rezar este gesto do lava-pés de Jesus, mas se começarmos a praticá-lo, logo entenderemos que é preciso olhar a realidade desde baixo, assim, veremos como a vida pode ser salva e cuidada. O lava-pés é uma escola de humildade e humanidade.

Para interiorizar...

- Quais gestos concretos apontam que eu sou do grupo de Jesus?
- A minha mesa é acolhedora ou banqueteio com aqueles que me degeneram?

Para meditar...

- Jesus se inclina sobre nós com a sua misericórdia e compaixão.
- A humildade gera humildade.

> *... Baixemos juntos à profundidade sem sol de todos os abismos, para transformar os fantasmas em presença e os espantos em apostas.*
>
> **Benjamín G. Buelta, SJ**
> *Humilha-te comigo*
> In: *La humildad de Dios*
> Bilbao, Sal Terrae, 2012, 115.

Revisão da oração

1 O que eu **rezei** nestes textos?

2 O que eu **senti** na minha oração?

3 O que **Deus me mostra** hoje para a minha vida?

QUAL A PALAVRA PARA O SEU DIA HOJE?

Jesus
sendo crucificado

18
Lc 23,33-45

> *Chegaram ao lugar chamado Calvário e ali o crucificaram, juntamente com os malfeitores, um à direita, outro à esquerda.*

A crucifixão foi um "evento" para muitas pessoas ali presentes.

A imagem é desoladora e parece que estamos diante de um perdedor.

A consciência de que Jesus foi injustiçado até hoje não entra como deveria na fé de muitos. Há quem pense que tudo foi fácil e meio teatral. Sem falar que há muitas pessoas com dificuldades de contemplar a dor de Jesus.

Ver o mestre ser crucificado, foi duro e difícil, para os seus amigos e familiares foi desanimador.

Jesus sofrendo a sua Paixão, entregou a vida de uma forma tão profunda que em meio a solidão e dor, ele entrega ao Pai o seu espírito.

Jesus não perde o foco de jeito nenhum, ele se mantém atento, ele olha o mal nos olhos, enfrenta os seus medos, angústias, mesmo sofrendo todas as violências que sofrera.

Recriando a cena...

Em oração perceba todas as pessoas ali presentes

*Olhe nos olhos de Jesus,
a sua face, o seu corpo ferido.
Peça a graça de sentir
a dor de Cristo doloroso.
Escute o barulho dos pregos.
O que dizem os soldados?
E o povo?
O que diz Jesus?
Em que parte e local você se vê
neste momento de Jesus?*

A vitória de Jesus por sobre a morte, levou-o a experimentar a morte em toda a sua força: ele precisou encarar a Paixão para vencer a força do mal que há muito afetava humanidade, fez de tudo, até a entrega de sua própria vida, para nos libertar.

Jesus, ao se entregar por amor, nos ensinou a encarar com coragem os nossos medos, a superá-los. Assim Jesus o fez: com a sua entrega total desmascarou a hipocrisia e a mediocridade daqueles que praticavam a religião do medo e das normas vazias. Não há vida sem drama e sem dor. Devemos olhar toda dor, mal e pecado a partir da ótica de Deus, pois a atenção dele está sempre sobre nós. Olhando para a sua Paixão, vemos que Jesus, sem fugir do sofrimento, se liberta da morte e da dor. Só experimenta a ressurreição em profundidade quem abraça a morte de Jesus: "se morrermos com ele, com ele viveremos, se ficarmos firmes, com ele venceremos" (2Tm 2,11).

Na cruz de Jesus, morrem os nossos pecados, as nossas mortes, medos e inseguranças. Jesus morre, mas é ele quem tem a vida, e a vida em abundância; de fato, só pode doar a vida, quem a tem e é o que Jesus faz. No fundo, sua morte é resultado de uma incompreensão gigantesca, do seu muito amar. O seu amor era preferencialmente pelos não amados, pelos não cuidados e não vistos. A nossa cura, virá quando olharmos em profundidade para a nossa existência total.

Contemplar o Crucificado, nos abre a oportunidade para que mais mortes nossas possam morrer com ele. Os nossos pecados, infidelidades e omissões, não amedrontam Jesus, pois ele olha-os desde o alto e desde a sua bondade infinita.

Considerar como o Crucificado é livre. Só o amor o sustenta. Amar é perigoso, nos compromete com o amado. Naquele sepulcro, depositemos as nossas mortes e lutos.

Haverá uma manhã, ela virá e nos aliviará. Ele voltará e ressuscitará todos os nossos sonhos, desejos, afetos e projetos, se tivermos morrido com ele.

Será preciso que cotidianamente eu possa olhar para a cruz de Cristo, para que este olhar, foco e atenção, libertem-me da dispersão e do engano, do medo de achar que a morte tem a última palavra. Quanto mais dispersos, mais desfocados, mais perdidos, menos profundos, menos ressuscitados. Quando o nosso olhar encontra o olhar de Cristo na cruz, somos assim, atraídos para a fidelidade do Pai, que nos diz que quando formos picados pela serpente neste mundo, no deserto da vida, poderemos olhar para o crucificado no alto daquela colina, nos oferecendo cura e vida.

"A primeira coisa que descobrimos ao contemplar o Crucificado do Gólgota, torturado injustamente até a morte pelo poder político-religioso, é a força destruidora do mal, a crueldade do ódio e o fanatismo da mentira. Precisamente aí, nessa vítima inocente, nós, seguidores de Jesus, vemos o Deus identificado com todas as vítimas de todos os tempos. Está na Cruz do Calvário e está em todas as cruzes onde sofrem e morrem os mais inocentes – 'Jesus morreu de vida': de bondade e de esperança lúcida, de solidariedade alegre, de compaixão ousada, de liberdade arriscada, de proximidade curadora. A cruz salva quando aponta para a vida"[1].

Para interiorizar...

✸ Morro com a morte de Cristo?
Ressuscito com a ressurreição de Cristo?

Para meditar...

✸ Nada deve impedir que o nosso olhar se volte ao crucificado.

✸ Ele está vivo no meio de nós.

---

[1] Comentário do padre Adroaldo Palaoro, SJ, feito em um de seus retiros espirituais, para orar a Paixão de Cristo, quando nele cita Mercedes Navarro em seu livro: NAVARRO, M., *Morir de vida – Mc 16,1-8: Exégesis y aproximación psicológica a un texto*, Madrid, Verbo Divino, 2011.

> "A cena é de partir o coração. No meio das sombras da noite, Jesus adentra o Horto das Oliveiras. Pouco a pouco começa a entristecer-se e angustiar-se. Depois afasta-se dos discípulos procurando, como é seu costume, um pouco de silêncio e de paz. Imediatamente cai no chão e fica prostrado tocando a terra com o rosto."
>
> **José Antônio Pagola**
> *Jesus: aproximação histórica*
> Petrópolis, Vozes, 2011, 476.

Revisão da oração

1 O que eu **rezei** nestes textos?
_____
_____
_____
_____
_____
_____
_____

2 O que eu **senti** na minha oração?
_____
_____
_____
_____
_____
_____
_____

3 O que **Deus me mostra** hoje para a minha vida?
_____
_____
_____
_____
_____
_____

QUAL A **PALAVRA** PARA O SEU DIA **HOJE?**

Jesus
sendo sepultado

19
Lc 23,50-56

"Depois, tirou-o da cruz, envolveu-o num lençol de linho e o colocou num sepulcro cavado na rocha, onde ninguém ainda tinha sido depositado."

O sepultamento de Jesus é muito duro. Será preciso imaginar a cena de Maria com seu filho no colo, perto do seio que o amamentou. Precisaremos entrar na cena, participar do silêncio e da dor de Maria. Participar do sepultamento. Neste silêncio e angustiante escuridão, somos convidados a um constante meditar, para que possamos experimentar o silêncio de Deus. Nas noites escura e do sepultamento, não seria a oportunidade de sepultarmos, em silêncio as nossas ideias e imagens frustrantes que temos a respeito de Deus?

Recriando a cena...

Escuridão.
Sinta a solidão de Maria, João.
Contemple o túmulo de Jesus, a pedra.
O caminho marcado pelas
pegadas dos soldados.
O silêncio.
Sinta o cheiro da morte.
Escute os soluços da Mãe dolorosa.

Meditar o sepultamento de Jesus é testemunhar o fracasso do pecado e da morte.

Diante deste momento e ato, diante do corpo morto do Cristo e do seu sepultamento poderemos colocar também os nossos gritos que foram calados por tanto tempo, em tantos momentos: só Deus nos escuta e nos acolhe. Mas não se trata de um morto qualquer: aquele que é sepultado é o que foi crucificado; é aquele que já nasceu crucificado, pois nasceu pobre, migrante, invisível aos olhos do mundo e fragilmente desprovido de riquezas e tronos.

Os sentimentos de fracasso e frustração, medo e desorientação permanecerão por muito tempo, especialmente nos corações que resistem à experiência do silêncio e da meditação. Muitos que ainda fogem do silêncio, por estarem estacionados na porta da morte e do sepulcro, podem ainda não ter sentido, experimentado a força da ressurreição.

O silêncio nos liberta dos nossos ídolos, o silêncio nos devolve a vida e à nós mesmos, uma vez que ele nos abre as portas das surpresas amorosas que brotam de Deus.

É preciso caminhar, saber silenciar, buscar mais profundamente e acolher a vitória.

Todas as nossas mortes sepultadas, ressuscitarão. A espera gera esperança e vitória. Mas não uma espera mórbida, pelo contrário, uma espera produtiva, ainda que silenciosa, contemplativa e amorosa.

No caminho da ressurreição, não há espaço para violência nem para a vingança. Levantemos a cabeça, deixemos que Cristo nos ressuscite progressivamente, passo a passo, ele mesmo vai nos devolvendo a alegria e convertendo os nossos sentidos.

Para interiorizar...

- A minha vida está estacionada diante da morte?
- Tenho buscado o silêncio como caminho para o Deus vivo?

Para meditar...

- O sepulcro já está vazio, tiremos nossa barraca de diante dele.
- O Senhor está vivo e ressuscitado, experimentemos os sentimentos dele.

> Todos os nossos medos e preocupações derivam deste sentimento de orfandade. Caberia dizer que a sociedade contemporânea vive uma espécie de sábado santo global que já dura décadas, ou talvez séculos."
>
> **Pablo d'Ors**
> *Biografia de la luz*, 521 (tradução nossa).

Revisão da oração

1 O que eu **rezei** nestes textos?

_____
_____
_____
_____
_____
_____

2 O que eu **senti** na minha oração?

_____
_____
_____
_____
_____
_____

3 O que **Deus me mostra** hoje para a minha vida?

_____
_____
_____
_____
_____
_____

QUAL A PALAVRA PARA O SEU DIA HOJE?

Jesus
ressuscitado

20
Lc 24,1-12

> *No primeiro dia da semana bem de manhã, foram ao sepulcro com os aromas que tinham preparado. Encontraram a pedra rolada para o lado da abertura do sepulcro. Entraram e não acharam ali o corpo do Senhor Jesus.*

Muitas pessoas presentes na crucifixão assistiram a tudo aquilo como quem já estivesse acostumado com a morte. Se fosse no mundo atual, teria sido um acontecimento próprio para as redes sociais, todos estariam com seus celulares nas mãos gravando o ocorrido.

Já a Ressurreição foi um acontecimento íntimo, sem público, sem soldados e sem autoridades. A ressurreição vai acontecendo em cada pessoa e em cada história, pouco a pouco. Jesus vai se revelando e vai ressuscitando a cada um dos seus amigos e amigas.

Recriando a cena...

Imaginemos as mulheres
no primeiro dia da semana
chegando com os óleos
para o corpo de Jesus.
Imaginemos a madrugada.
Veja a pedra removida.
Veja os homens com vestes brancas
que se aproximam.

*Eles comunicam: "Ele Ressuscitou!".
Imagine agora as mulheres
voltando e anunciando
tudo o que viram e ouviram.
Coloque-se nesta cena.
Participe da alegria dessas mulheres.*

Jesus não criou nenhuma situação especial para que ele pudesse se revelar. Foi ali, no cotidiano de cada pessoa que ele apareceu e resgatou cada pessoa do seu processo de luto e morte.

Mas é certo que este processo não é fácil, tanto que os olhos e sentidos dos amigos e amigas de Jesus, não perceberam quem ele era, de início. Ele resgatava gestos, palavras, símbolos, para ajudar a que, sem violência, todos fossem voltando a experimentar a alegria da sua presença e amizade. É preciso recuperar a mística do possível, aqui e agora. Ou seja, dentro da minha possibilidade e realidade, preciso ir ressuscitando os meus sentidos. Ele está no meio de nós. É preciso a "conversão dos sentidos", gerando uma nova sensibilidade. Jesus vivo e ressuscitado, quebra com todos os nossos ídolos e ideias equivocadas que trazemos de Deus, do divino e que carregamos em nós (Bento XVI, Carta Encíclica *Spe Salvi*, n. 43). A morte e ressurreição é uma experiência que nos coloca em outro modo de viver, com um olhar atento para aprender sempre de Jesus, que nada daquilo que trazemos é definitivo e terminado. Bento XVI dizia: "Deus mesmo se faz imagem: no Cristo que se faz homem. Nele, o Crucificado, a negação da imagem equivocada de Deus é levada ao extremo" (Idem, n. 43). É uma coisa muito bela: morrem assim várias imagens equivocadas de Deus que possuímos, e vamos deixando surgir outra, mais crível: um Deus de amor e que nos ressuscita progressivamente.

O testemunho das mulheres neste texto ajuda a que abramos a nossa relação com Deus para o novo e inesperado que brota do sepulcro vazio. As mulheres são as que revelam a presença do novo, da vida, da vitória de Cristo sobre a morte. São elas as anunciadoras da boa notícia.

Ressuscitemos! Entremos no processo da vida nova, deixemos que ele se aproxime de nossas mortes e nos arrebate para a vida, que todas as nossas mortes ressuscitem com Cristo.

Para interiorizar...

✱ O que eu coloquei no sepulcro para que ressuscite com Cristo?

✱ Tenho visto o ressuscitado no meu cotidiano? Ou ainda vejo apenas o jardineiro?

Para meditar...

✱ Jesus está no meio de nós, são os nossos sentidos que por vezes ainda estão na experiência do calvário.

✱ Anunciar a vida é fundamental para que possamos ressuscitar progressivamente.

> Não há pessoa nem situação onde Deus não esteja e onde não possa ser contemplado. Muitas pessoas fizeram itinerários até os infernos deste mundo e se encontraram com Deus lá com uma clareza e um sabor que antes não haviam experimentado..."
>
> **Benjamín G. Buelta, SJ**
> *Ver o perecer*
> Bilbao, Sal Terrae, 2006, 139.

Revisão da oração

1 O que eu **rezei** nestes textos?

2 O que eu **senti** na minha oração?

3 O que **Deus me mostra** hoje para a minha vida?

QUAL A **PALAVRA** PARA O SEU DIA **HOJE?**

Jesus, aparição no cotidiano

21
Jo 21,1-14

> *Jesus perguntou: 'Rapazes, já pescastes alguma coisa?'. Responderam-lhe: 'Nada!'. Ele lhes disse: 'Lançai a rede à direita da barca e achareis!'. Lançaram-na e não podiam mais arrastá-la, tal era a quantidade de peixes.*

"Se algo descobrimos na manhã da Ressurreição é que a vida não termina; o que termina é a morte"[1]. A nossa oração neste momento, consiste em contemplar a resposta de Deus à Cruz do seu filho. Deus respondeu com amor infinito. Ele não destruiu ninguém, nem jogou fogo sobre nada. A sua resposta foi tirar o seu Filho da morte.

Inácio de Loyola buscava que a alegria da ressurreição fosse transformada em missão. Depois da frustração e da dor, da tristeza, vem a alegria. Assim como após as chuvas, trovoadas, escuridão, o sol sempre volta e brilha sobre nós. Jesus vai ressuscitando pouco a pouco os seus amigos e amigas. Ele vai entrando na vida de cada pessoa, tirando-os das trevas, sem espetáculo, sem aparições chamativas, e sem público, nem autoridades, nem curiosos.

Que você possa estar consciente de que tem um futuro, de que Deus nos dá um futuro – horizonte. Esta presença e alegria se dá no cotidiano.

---

[1] Trata-se de uma afirmação de padre Benjamin Gonzales Buelta, SJ, extraída de uma anotação pessoal feita por ocasião de um retiro que fiz com ele.

Recriando a cena...

*No cotidiano da pesca de alguns
discípulos, depois de cansados
de pescar a noite toda, Jesus pede
que joguem a rede à direita.
Eles ficam assustados, com
a grande quantidade de peixes.
Perceberam que era Jesus.
Ele aparece de um modo diferente,
porém com os gestos de sempre.
É Jesus ressuscitado com os seus amigos.
Jesus não briga, nem chama
a atenção, perguntando por onde
tinham andado, desde a cruz.
Sinta a emoção deste encontro.
Coloque-se no barco.
Sinta a força das redes cheias de peixes.
Sinta a presença calorosa do Senhor.*

Depois da morte e da dor, o Senhor está vivo, sem desejo de vingança, mas cheio de esperança de que ele encontrará lugar em nossos corações.

Olhemos para dentro de nós. Quantos rancores, medos, angústias, desejos de vingança por aquelas pessoas que nos fizeram mal. Quanta dificuldade em perdoar, em olhar, abraçar. Tudo isso só faz mal a nós mesmos.

Jesus se aproxima de nós, nos espera, vai ressuscitando tudo em nós, mas não esqueçamos, a ressurreição é um processo. Enquanto dormimos, Deus vai atuando, ressuscitando, devolvendo a esperança.

Jesus vem e pouco a pouco, fica conosco, come conosco e vai revelando os seus sentimentos e modo de viver. Não podemos desistir de estar com ele. Nada e ninguém poderão nos tirar a graça da presença de Cristo. Escolha seu lugar, e deixe que ele se aproxime e fale contigo. Entre na cena bíblica e converse com ele como um amigo fala a outro amigo.

Ele vai se revelando pouco a pouco, vai nos ressuscitando, nos tirando da morte, da tristeza e da dor.

É preciso mudar a perspectiva do olhar, pois "o essencial é invisível aos olhos" (A. de Saint-Exupéry), na ressurreição o essencial está escondido para olhos humanos, mas é preciso ver desde dentro, da interioridade, ver os indícios da vida de Cristo no mundo, e alegrar-se. Enquanto ficarmos procurando Cristo com os sentidos velhos, não o veremos, é preciso que os nossos sentidos ressuscitem e assim, contemplaremos a alegria da presença do ressuscitado no cotidiano.

Para interiorizar...

- Reconheço os meus medos e fragilidades que me afetam hoje e me tiram a paz?
- Tenho criado oportunidade para este encontro pessoal?

Para meditar...

- Jesus nunca escolheu o caminho do desamor.
- A sua presença restabelece a nossa esperança e alegria.

> "O homem elimina Deus para entrar ele mesmo em posse da grandeza humana que lhe parece indevidamente recebida de outra pessoa. Em Deus, ele abate um obstáculo para conquistar a sua liberdade."
>
> **Henri de Lubac** appud **F. Cosentino**
> *Sui Sentieri di Dio*
> Cinisello Balsamo, San Paulo, 2012, 34 (tradução nossa).

Revisão da oração

1 O que eu **rezei** nestes textos?

2 O que eu **senti** na minha oração?

3 O que **Deus me mostra** hoje para a minha vida?

QUAL A PALAVRA PARA O SEU DIA HOJE? ❓

Jesus
aparece à comunidade

22
Lc 24,36-48

> *Assustados e atemorizados, eles pensavam estar vendo um fantasma. Mas ele lhes disse: 'Por que vos assustais e se levantam dúvidas em vossos corações? Olhai para minhas mãos e meus pés: um fantasma não tem carne nem ossos, como vedes que eu tenho!'.*

Sigamos o caminho da esperança. Saiamos da rota do desencanto e nos coloquemos no caminho do Senhor, com ele, anunciando que a vida ressurgiu. Esses homens e mulheres, agora, são encarregados pelo próprio Jesus de anunciar o que viram. O que eles viram? Primeiro, as promessas do Messias, seus milagres e curas. Depois, o Messias crucificado, torturado, humilhado e morto. E, agora, o Messias ressuscitado, com as mãos feridas, diante deles. Digo sempre: Ressurreição não é algo óbvio, dado. A ressurreição é um processo. É um processo interior. É um processo que pede a conversão dos sentidos, do olhar e do tocar. Hoje Jesus convida a que toquem as suas mãos: "Toquem em mim e vejam. Um fantasma não tem carne nem ossos, como vocês estão vendo que eu tenho". "Vejam minhas mãos e meus pés. Sou eu mesmo", diz Jesus.

Recriando a cena...

*Estavam à mesa, comiam,
quando Jesus aparece.
Pede para que toquem nele,
apresenta as chagas.*

Onde você está nesta cena?
Participe.
Chegue perto de Jesus, observe tudo.
Perceba a surpresa
dos discípulos, o estupor.
Ele está no meio dos seus amigos.
Ele vive.
Experimente a mistura de sentimentos.

Vemos e encontramos, hoje, Jesus tentando convencer os discípulos da sua ressurreição.

Percebam, meus irmãos e minhas irmãs, a ressurreição é um processo. Dizendo assim, Jesus mostra as mãos e os pés, mas eles não podiam acreditar, diz o Evangelho.

É uma mistura de alegria. É uma mistura de surpresa. E Jesus apela, pede: "Vocês têm alguma coisa para comer?"

Deram a Jesus peixe assado. Ele tomou e comeu. Assim, Jesus prova que está vivo. Que ele não morreu para sempre. Que ele venceu a morte. E que nós, seus seguidores, temos essa alegria de poder testemunhar que a vida ressurgiu.

Quantas vezes, diante do fracasso, da tristeza, da solidão, das mentiras, nós queremos desistir, abrir mão de anunciar a esperança. Quantas vezes persistimos na rota do desencanto. E, hoje, Jesus continua, vai ressuscitando seus amigos, pouco a pouco.

Primeiro foi Maria Madalena; depois, os discípulos de Emaús. E agora, esses outros discípulos, que vão experimentando um modo novo de Jesus estar presente. Seus olhos vão se abrindo, pouco a pouco; os seus sentidos vão percebendo, pouco a pouco.

Vão comendo com Jesus. Participam da mesa com Jesus. Encaram Jesus. Encaram as feridas do corpo glorioso de Jesus. Para entender que não há vida cristã sem Paixão, sem morte, sem cruz. A força do amor ressuscita Jesus. Deus segue a sua vida sem ódio, sem vingança. Deus segue a vida no caminho do amor. Deus não apela para a tragédia, para o obscurantismo. Deus acredita no ser humano. E ele envia o seu Filho, mais uma vez, vivo e ressuscitado, para continuar a sua obra de salvação. A cruz e a morte não impediram a obra de salvação. Ele está vivo, meus irmãos e minhas irmãs! Ele está no meio de nós. Precisamos abrir os nossos olhos. Precisamos abrir a nossa vida. Precisamos nos deixar surpreender pelo Reino, nos surpreender pela dinâmica nova que Cristo nos coloca. Aproximemo-nos com fé do Cristo. Sintamos a sua carne. Sintamos a sua presença e testemunhemos a sua alegria.

Para interiorizar...

✳ Tenho uma comunidade onde encontro Jesus?

✳ A força do amor é o que move a minha vida que vai ressuscitando?

Para meditar...

✳ A ressurreição é um processo de amor, passo a passo eu me torno ressuscitado.

✳ Não caminho sozinho, mas em comunidade de fé.

> "Estamos viciados em modernidade. A maior parte das invenções é uma tentativa de nós, humanos, nos projetarmos em matéria para além de nossos corpos. Isso nos dá sensação de poder, de permanência, a ilusão de que vamos continuar existindo."
>
> **Ailton Krenak**
> *A vida não é útil*
> São Paulo, Companhia das Letras, 2020, 17.

Revisão da oração

1 O que eu **rezei** nestes textos?

2 O que eu **senti** na minha oração?

3 O que **Deus me mostra** hoje para a minha vida?

QUAL A **PALAVRA** PARA O SEU DIA **HOJE?** ❓

Jesus
com os discípulos de Emaús

23
Lc 24,28-35

> Então é que os seus olhos se abriram e eles o reconheceram... mas ele desapareceu da sua vista. Disseram um ao outro: 'Não é verdade que o nosso coração ardia, quando nos falava pelo caminho e nos explicava as Escrituras?'

É preciso considerar o caminho dos que desistiram, dos que perderam a esperança, dos que voltaram frustrados para o de sempre. Jesus está atento, aproxima-se e respeita o nosso choro.

Quantas vezes gastamos todo o tempo da nossa vida no caminho do desencanto, aficionados no desânimo e na escuridão, desejando ficar nela.

Mas em outras vezes é o Senhor mesmo que caminha conosco e fala ao nosso coração, mas nós o ignoramos, cegamente.

Recriando a cena...

Observe o caminho,
as pedras, areia, poeira.
Perceba a tristeza
e o desalento dos discípulos.
Desorientados, decepcionados
e desencantados,
eles voltam ao de sempre.
Coloque-se a caminho com eles,
compartilhe as suas tristezas, dores.

*Sinta agora alguém se aproximar,
escute o que ele diz,
sinta o coração aquecer.
Deixe ele entrar na sua casa,
a noite chegou, ele é a luz da sua vida,
vai te tirar da escuridão.*

O costumeiro é desistir, entregar os pontos. Quando não encontramos mais saída, caminhamos pelas estradas das lamentações e do desânimo. Parece que tudo dentro de nós fica escuro, as lágrimas descem e nos faltam horizontes. Sem falar das vezes nas quais engolimos em seco, não temos sequer com quem compartilhar a dor e a tristeza, o desencanto com uma pessoa, com algo ou alguma experiência dura que passamos.

É verdade também que muitas vezes encontramos pessoas que não nos ajudam, nem na escuta, nem com seus conselhos; a visão delas será sempre a partir da experiência própria: se na experiência delas algo deu errado, elas pensam que para todos também será assim. Mas não pode ser desse jeito. O caminho do desencanto pode levar à frustração e ao fechamento, a presença de Jesus em nossa vida é um convite para que percebamos, que mesmo depois da dor, nada está perdido, é ele mesmo quem caminha conosco, é ele mesmo que nos fala ao coração, que aquece o nosso coração. Ele até parte o pão para nós, senta à mesa, convive conosco, escuta nossas lamentações e não desiste de nós.

A morte de Jesus foi uma experiência frustrante para muitos, ainda hoje alguns caminham pelo desencanto, não sentem e nem experimentam que ele está vivo no meio de nós.

Quando os nossos sentidos ainda estão mergulhados na morte, dificilmente sentem a paz da presença de Cristo que caminha conosco, ou mesmo o sabor da sua Palavra, a força da sua presença. É preciso ir ao encontro do novo que Deus nos oferece cotidianamente.

O caminho de Emaús, assim como a nossa vida, é feito de silêncio e palavras. Participar, fazer ou construir o caminho, mesmo que não seja fácil, é tarefa a ser sempre empreendida. Quando rezo e penso no desânimo e na tristeza dos discípulos de Emaús ao longo do caminho, sinto como muitas vezes também me senti triste, solitário e caminhei sem horizontes.

Entretanto, é nesse caminho em que se há um encontro com Cristo. Encontrando-se com ele e regressando ao cotidiano, sempre se levará uma mensagem de vida e ressurreição.

Para interiorizar...

- O que em mim é frustração e desencanto?
- Para qual direção caminha a minha vida?

Para meditar...

- Eu nunca caminho sozinho, independente da minha dor e decepção. Ele está comigo.
- Devo observar para onde me levam os meus sentimentos.

> "A única coisa de que necessitamos para seguir adiante em nosso caminho, seja qual for, é uma nova releitura: alguém que nos ensine as Escrituras (em nossa vida, onde as palavras "se tornam" revelação), alguém que nos ajude a compreender nosso passado sob uma nova luz."
>
> **Pablo d'Ors**
> Op. cit., 226.

Revisão da oração

1 O que eu **rezei** nestes textos?
....
....
....
....
....
....
....

2 O que eu **senti** na minha oração?
....
....
....
....
....
....
....

3 O que **Deus me mostra** hoje para a minha vida?
....
....
....
....
....
....
....

QUAL A **PALAVRA** PARA O SEU DIA **HOJE?**

Jesus
vai à Galileia

24
Mt 28,8-15

Jesus então lhes falou: 'Deixai esse medo! Ide e comunicai aos meus irmãos que sigam para a Galileia. E lá me verão'.

Percebemos que a Páscoa é um processo que passa pela dimensão pessoal da vida. No encontro com Jesus, vamos nos encontrando com ele e, pouco a pouco, vamos rememorando os seus gestos, palavras e amizade.

Recriando a cena...

Jesus aponta para um caminho diferente
do que esperavam. Ele volta à Galileia.
Imagine a Galileia dos amigos de Jesus,
dos pobres, dos curados.
Imagine Jesus tomando o caminho
e voltando aos seus. Sinta o barulho
dos passos dele. Veja as suas roupas.
O que ele leva? O que conversa?
Quem vai com ele? Você?
Pergunte a Jesus, por qual motivo
ele escolheu voltar para lá.

Mas, na meditação de hoje, o dinheiro continua jogando um papel importante, para além da experiência da salvação. Primeiro Judas, agora os soldados, que se vendem. O dinheiro pode corromper e enganar, ele tem um papel importante hoje, abafar a força da ressurreição.

Muitas vezes, na vida cristã, acontece isso, o dinheiro está no centro da pregação. Isso é um escândalo. Às vezes prega-se mais o dinheiro do que o amor e a misericórdia.

Assim como no passado houve tentativas de tirar Jesus de cena, lembremos da "propina" paga aos soldados para mentirem contra a ressurreição de Jesus, também hoje é usado o dinheiro como forma de manipular Jesus.

Se quisermos encontrar a força da ressurreição precisamos descobrir que "é preciso aspirar as coisas do alto", pois é lá que está o sentido da nossa vida Jesus Cristo ele é a nossa identidade e a nossa vida. A nossa identidade está escondida com Jesus Cristo em Deus (cf. Cl 3,1-4).

Olhando para Jesus, poderemos olhar com ele o mundo e a realidade. Assim, também poderemos transformar o mundo. Mas não esqueçamos: é o amor que ressuscita Jesus e que hoje, nos ressuscita. O amor nos arranca do caminho da tristeza e da falta de esperança e nos coloca na alegria verdadeira.

O caminho da alegria e da verdade por vezes precisa ser construído, é fundamental que não entremos no caminho da tristeza e da mentira, da escuridão.

Mas, sempre haverá quem continue seguindo a mentira em detrimento da verdade.

Qual o efeito da vida ressuscitada de Jesus em minha vida? Qual o efeito do amor em minha vida?

Tenho claro quais os efeitos da ressurreição em Jesus? Pouco a pouco, Jesus vai ressuscitando a cada um de nós, pela oração, pelo evangelho e pela caridade. Neste mundo nós ressuscitamos para testemunhar o ressuscitado.

Quem de fato é amigo e amiga de Jesus, já entendeu tudo, tem segurança de que tudo depende do olhar, ou seja: com quais olhos eu vejo a realidade? A minha vida está colocada no mundo ou em Cristo? Nas coisas do alto? Nas coisas eternas?

Com o coração e a vida colocados em Cristo, precisamos aspirar as coisas do alto, para que compreendamos os gestos e o modo de ser de Jesus, aquele que morreu e que ressuscitou, e hoje, nos fala ao coração.

Deixemo-nos surpreender pelo projeto de Cristo Jesus. Hoje, Jesus aponta para a Galileia, Jesus faz o caminho contrário, ele vai ao encontro daqueles que já experimentaram a sua força, a sua presença, ali ele viveu, caminhou, andou, curou e pregou, ali ele se sentia em casa. Na Galileia, Jesus reencontra com a sua história que é salvação para os pobres e abandonados. Ele volta para os seus amigos e para os seus afetos. Foi lá que Jesus começou a instituir o Reino de Deus. Se quisermos ressuscitar com ele, precisamos ir até a nossa Galileia interior, é lá que Jesus se sente à vontade, dentro de nós, em nossa interioridade, ele nos fala e cura. Deixemo-nos surpreender pelo projeto de Cristo para a nossa vida. Ele está no meio de nós, agindo, amando; experimentemos os efeitos da ressurreição em nós.

Para interiorizar...

- Sinto Jesus dentro de mim? Participando da minha vida? Falando-me a partir de dentro, de minha interioridade?

Para meditar...

- Jesus volta e segue a sua missão de amar sem limites.
- A morte não o impediu, a ressurreição potencializou o seu amor.

> Muitos – nós também – vivem a 'fé das recordações', sem nos interpelarmos...
> Ao contrário, ir para a Galileia significa aprender que a fé, para estar viva, deve continuar a caminhar. Deve reavivar cada dia o princípio do caminho, a maravilha do primeiro encontro.
>
> **Papa Francisco**
> *Homilia* da Vigília Pascal de 2021
> Disponível em: <www.ihu.unisinos.br/categorias/608069-ele-vos-precede-na-galileia-mistura-de-medo-e-alegria-a-mensagem-do-papa-francisco>. Acesso em: 27 jun. 2023.

Revisão da oração

1 O que eu **rezei** nestes textos?
_____
_____
_____
_____
_____
_____
_____

2 O que eu **senti** na minha oração?
_____
_____
_____
_____
_____
_____
_____

3 O que **Deus me mostra** hoje para a minha vida?
_____
_____
_____
_____
_____
_____
_____

QUAL A **PALAVRA** PARA O SEU DIA **HOJE?**

Jesus
volta para o Pai

25

Lc 24,50-53

> *E, enquanto os abençoava, foi-se afastando deles, e subindo para o céu. Eles se prostraram diante de Jesus e, depois, voltaram cheios de alegria a Jerusalém.*

Com o passar dos tempos, dos dias, a morte e a cruz de Jesus, foram ficando meio que esquecidas, a alegria da ressurreição havia tomado conta de todos os corações. Mas não para por aí, Jesus vai ao Pai. Diante de todos, assim como ele foi elevado na cruz, agora ele é elevado para Deus, a mão de Deus o conduz para o alto, agora a fala de Jesus da unidade e da pertença, a de que Ele e Pai são um só, acontece diante de todos.

Quando Jesus volta ao Pai, depois de ter vivido entre nós, certamente nos leva consigo, afinal a nossa vida e identidade estão nele.

Somos o seu povo, ele nos conduz pelas suas palavras e gestos. Sem Jesus o que resta da nossa vida?

Quantas pessoas no mundo inteiro vivem especificamente para ele, devotaram as suas vidas, ações, pensamentos, para Deus e para o seu filho, o desejo foi apenas um, construir o Reino de Deus.

Agora os discípulos viram diante dos seus olhos, a volta do Filho ao Pai.

A alegria foi grande, foi assim o coroamento da vida de Jesus. Assim, ele nos assegura que nada foi em vão. Valeu a pena.

Recriando a cena...

*Imaginar os discípulos
caminhando com Jesus.
Ver ele falando as suas últimas palavras.
Ninguém imaginava
o que estava para acontecer.
Logo, Jesus prepara os seus
e se despede, abençoa e sobe.
Tudo volta para Deus.
Perceber a criação, o ser humano,
todos voltam a Deus, em Jesus.
Imaginar e buscar sentir
a alegria daquelas pessoas
que testemunharam este momento
de profunda unidade
do Pai com o Filho.*

Quanto a nós que aqui ficamos, não percamos os olhos de Jesus, ao olhar para cima, tenhamos a vida bem colocada aqui na terra, para sabermos ser como Jesus foi. Sentir e amar como Jesus.

O grande e maior desafio é não permitir que a nossa fé em Cristo seja excludente e deixe alguém de fora; a nossa alegria é que todos sintam o que sentimos. Para isto, é necessário anunciar, manter o coração em Deus e os olhos em Jesus.

A vida não pode ser uma caminhada errante, mas sim uma peregrinação, com um fim, uma direção, horizontes. E nosso horizonte está no próprio Deus.

Por isso, um dia todos nós estaremos em Deus, como Jesus.

A conversão do nosso sentir, nos brindará com este encontro

diário e no cotidiano, ali Jesus estará no meio de nós e nos apresentará o Pai. Afinal ele e o Pai são um.

Para interiorizar...

✳ Tenho os olhos fitos em Deus? Nos feitos de Jesus?

✳ Sinto a minha vida unida a Cristo? No cotidiano. Na simplicidade da minha vida?

Para meditar...

✳ Nunca Jesus nos abandona, mas nos leva consigo e, ao mesmo tempo, se doa a cada um de nós.

✳ Quanto mais em Deus estivermos, mas compreenderemos os seus gestos de amor.

> "Os discípulos terão que aprender algo que até agora não sabiam e que consiste em viver a presença de Jesus na sua ausência. Viver em Jesus sem vê-lo, sem encontrá-lo no espaço físico e cotidiano do mundo."
>
> **Cardeal Tolentino**
> Disponível em: <www.ihu.unisinos.br/categorias/589694-ver-com-o-coracao-artigo-de-jose-tolentino-mendonca>. Acesso em: 27 jun. 2023.

Revisão da oração

1 O que eu **rezei** nestes textos?

2 O que eu **senti** na minha oração?

3 O que **Deus me mostra** hoje para a minha vida?

QUAL A PALAVRA PARA O SEU DIA HOJE? ❓

Conclusão

Não há outro caminho, método ou modo se queremos conhecer Jesus, é preciso estar com Ele.

Passar tempo, demorar nele.

Cada palavra escolhida por quem leu e rezou este livro será a construção de uma colcha de retalhos, de modo que se vai construindo a nossa própria identidade. Uma identidade que nos leva a sermos pessoas melhores. O essencial é o conhecimento de Jesus.

Se permanecermos firmes, alcançaremos aquilo que buscamos: a plenitude e a amizade com Jesus.

Cada palavra escolhida e cada sentimento revelarão que é de dentro de nós, neste encontro precioso com o Senhor, que nós poderemos nos compreender.

Tudo é processo. A vida cristã é processo, por isso, não podemos renunciar a ela; se quisermos encontrar sentido e leveza para a vida atualmente, precisaremos de mais silêncio, mais contemplação e mais intimidade.

Cada passo em direção de mais intimidade, mais conhecer e mais amar a Jesus nos faz trilhar o caminho contrário de muitos, buscando mais dispersão. Quanto mais focados, mais próximos estaremos de Jesus e dos irmãos.

Cada encontro com Jesus nos ajuda a tirar muitas camadas que nós mesmos, com o tempo, colocamos sobre a imagem de Deus que trazemos dentro de nós. O caminho de descobrir o rosto de Jesus, o modo de Jesus viver e proceder, é e sempre será um desafio constante, uma busca incansável, e um desejo profundo de melhor conhecer Jesus para mais amá-lo e segui-lo. Obviamente, todos nós teremos que diminuir o ritmo da nossa vida, ou seja, desacelerar, e perceber que é necessário eleger um ponto central para nossa existência, e se este ponto central é Jesus, não podemos perder tempo ou desviar o olhar para outros enganos ou armadilhas, com que a todo instante nos deparamos. A experiência de Jesus nos capacitará a dar passos seguros em busca da nossa Liberdade, de uma fé madura e de uma vivência eclesial e social capaz de colaborar na construção de um Novo Mundo e na construção do Reino de Deus. Por isso, o nosso caminho, a nossa peregrinação é longa e exigente; não podemos desistir e desanimar na primeira tentativa da experiência de Jesus, que nos quer converter e transformar em homens e mulheres cristãos. Isto não é fácil na sociedade atual, mas cada vez mais será necessário travar esta batalha para que nos tornemos conhecedores de nós mesmos, da palavra de Deus e do que Jesus tem para nos falar constante e cotidianamente. E quem já tem mais maturidade na oração ou no caminho espiritual testemunha que este caminho de silêncio, interioridade e intimidade com Jesus é um caminho sem volta, pois estamos falando de amizade verdadeira, gratuita. O caminho que nos leva a Cristo a cada dia nos faz passar por uma renovação do que aprendemos e daquilo que guardamos dentro de nós; é preciso que tudo seja ressignificado a partir da própria oração. Não podemos abrir mão deste encontro diário e cotidiano com o rosto de Jesus, com a face do Senhor quando se entrega por amor a cada um de nós. É Jesus mesmo quem quer se encontrar conosco, é ele mesmo quem se aproxima, com delicadeza, paciência, nos oferecendo mais amor, mais perdão e mais misericórdia. Sim, é possível orar no mundo atual, é possível criar um caminho espiritual interior, uma Mística do possível, para crescer em direção a esta reconfiguração daquilo que somos e daquilo que ainda queremos alcançar, que é estatura de Cristo ressuscitado.

Por isso, quem chegou até esta parte conclusiva do livro já experimentou em sua vida interior o quanto Jesus também deseja se encontrar conosco, o quanto as suas palavras reverberam dentro de nós e encontram aí sua morada. Nós fomos feitos para o Senhor; ele é o nosso Deus, que caminha conosco, nos acalma, nos sustenta e nos anima; ele nos chama cotidianamente a escutarmos a sua voz, por isso a determinação é fundamental para que não nos percamos entre tantas vozes, chamamentos, palavras; entre tantas luzes, tantas trevas. Continuemos buscando o Senhor, não desistamos de contemplar a sua face, não deixemos de nos espelhar nele. Vimos também que, para chegar até aqui, este percurso exigiu paciência, metodologia e disciplina. Estou seguro de que agora sairemos deste livro, desta leitura com um desejo ainda maior de rever as principais palavras, os principais sentimentos e a nossa participação no mundo e na sociedade atual.

Desejo que este livro tenha deixado mais vontade de conhecer a Deus: este livro não é um ponto de chegada, mas de partida.

Bibliografia

ALVAREZ, R. *Jesus: o homem mais amado da História*. São Paulo: Leya, 2018.

ASPITARTE, E. L. *Culpa e pecado*. Petrópolis: Vozes, 2005.

BROWN, R. E.; FRITZMYER, J. A. e MURPHY, R. E. *Novo Comentário Bíblico São Jerônimo*. São Paulo: Academia Cristã, 2011.

BUELTA, B. G. *La Humildad de Dios*. Bilbao: Sal Terrae, 2012.

BUELTA, B. G. *Tiempo de crear*. Bilbao: Sal Terrae, 2009.

CABARRÚS, C. R. *Crecer bebiendo del proprio pozo*. Bilbao: Desclée, 1998.

CANTALAMESSA, R. *O Verbo se fez Carne*. São Paulo: Ave-Maria, 1977.

COLAVECCHIO, R. L. *Na amizade de Jesus a partir da Amazônia – Uma espiritualidade Sinótica*. São Paulo: Loyola, 2022.

D'ORS, P. *Biografia de la Luz*. Barcelona: Galaxia Gutenberg, 2021.

D'ORS, P. *Biografia do silêncio*. São Paulo: Academia, 2019.

FILHO, C. B. e CALABREZ, P. *Em busca de nós mesmos*. Porto Alegre: Citadel, 2017.

FOCANT, C. Polêmica e hostilidade. In: DORÉ, Joseph. *Jesus, a enciclopédia*. Petrópolis: Vozes, 2017.

GRUN, A. *A oração como encontro.* Petrópolis: Vozes, 2012.

KUNDERA, M. *A insustentável leveza do ser.* São Paulo: Companhia das Letras, 2020.

LIBÂNIO, J. B. *A escola da liberdade.* São Paulo: Loyola, 2011.

LIMA, J. L. *A ousadia de amar até o fim.* São Paulo: Loyola, 2021.

MARTINI, C. M. *I Vangeli – Esercizi Spirituali per la vita cristiana.* Milano: Bompiani, 2017.

MENDONÇA, José T. de. *A mística do instante.* São Paulo: Paulinas, 2016.

MULLER, O. *O primado da caridade.* São Leopoldo: UNISINOS, 1984.

PAGOLA, J. A. *Jesus: aproximação histórica.* Petrópolis: Vozes, 2011.

PALAORO, A. Inácio de Loyola: Santo dos "tempos novos". *Revista Itaici* 125, 2022.

PORTELLI, C. e PAPANTUONO, M. *Le Nuove Dipendenze.* Cinisello Balsamo: San Paolo, 2017.

SANTO INÁCIO DE LOYOLA. *Exercícios Espirituais.* São Paulo: Loyola, 2015.

SINTOBIN, N. *Aprender a discernir – Na escola de Santo Inácio de Loyola.* São Paulo: Loyola, 2022.

ZEVINI, G. *Vangelo Secondo Giovanni.* Roma: Città Nuova, 2009.

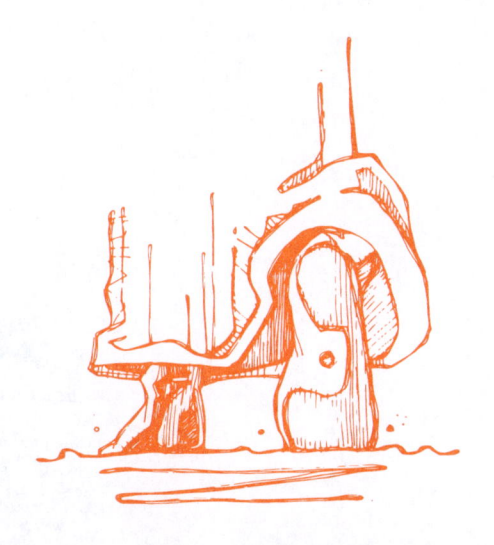

Edições Loyola

editoração impressão acabamento
Rua 1822 nº 341 – Ipiranga
04216-000 São Paulo, SP
T 55 11 3385 8500/8501, 2063 4275
www.loyola.com.br